Träumereien an französischen Kaminen

TRÄUMEREIEN

AN FRANZÖSISCHEN KAMINEN

Märchen von Richard von Volkmann

Mit Illustrationen von
Hans Richard von Volkmann

NIKOL
VERLAG

Die Textvorlage für diese Ausgabe erschien 1912 bei Breitkopf & Härtel, Leipzig. Die Orthografie folgt der Vorlage. Lediglich eindeutige Druck- und Satzfehler wurden stillschweigend korrigiert.

MIX
Papier | Fördert gute Waldnutzung
FSC® C083411

1. Auflage 2023

Satz: Röser MEDIA GmbH & Co. KG, Karlsruhe
Umschlaggestaltung: Nele Schütz Design unter Verwendung von Shutterstock/RODINA OLENA
Druck und Bindung: CPI Moravia Books s.r.o.
Printed in the Czech Republic

ISBN: 978-3-86820-763-7

Besuchen Sie uns im Internet:
www.nikol-verlag.de

Inhalt

Die künstliche Orgel

Vor langen, langen Jahren lebte einmal ein sehr geschickter junger Orgelbauer, der hatte schon viele Orgeln gebaut, und die letzte war immer wieder besser als die vorhergehende. Zuletzt machte er eine Orgel, die war so künstlich, daß sie von selbst zu spielen anfing, wenn ein Brautpaar in die Kirche trat, an dem Gott sein Wohlgefallen hatte. Als er auch diese Orgel vollendet hatte, besah er sich die Mädchen des Landes, wählte sich die Frömmste und Schönste und ließ seine eigene Hochzeit zurichten. Wie er aber mit der Braut über die Kirchschwelle trat und Freunde und Verwandte in langem Zuge folgten, war sein Herz voller Stolzes und Ehrgeizes. Er dachte nicht an seine Braut und nicht an Gott, sondern nur daran, was er für ein geschickter Meister sei, dem niemand es gleichtun könne, und wie alle Leute staunten und ihn bewundern würden, wenn die Orgel von selbst zu spielen begönne. So trat er mit seiner schönen Braut in die Kirche ein – aber die Orgel blieb stumm. Das nahm sich der Orgelbaumeister sehr zu Herzen, denn er meinte in seinem stolzen Sinne, daß die Schuld nur an der Braut liegen könne und daß sie ihm nicht treu sei. Er sprach den ganzen Tag über kein Wort mit ihr, schnürte dann nachts heimlich sein Bündel und verließ sie. Nachdem er viele hundert Meilen weit gewandert war, ließ er sich endlich in einem fremden Land nieder, wo niemand ihn kannte und keiner nach ihm fragte. Dort lebte er still und einsam zehn Jahre lang; da überfiel ihn eine namenlose Angst nach der Heimat und nach der verlassenen Braut. Er mußte immer wieder daran denken, wie sie so fromm und schön gewesen sei und wie er sie so böslich verlassen. Nachdem er vergeblich alles getan, um seine Sehnsucht niederzukämpfen, entschloß er sich, zurückzukehren und sie um Verzeihung zu bitten. Er wanderte Tag und Nacht, daß ihm die Fußsohlen wund wurden, und je mehr er sich der Heimat näherte, desto stärker wurde seine Sehnsucht und desto größer wurde seine Angst, ob sie wohl wieder so gut und freundlich zu ihm sein werde wie in der Zeit, wo sie noch seine Braut war. Endlich sah er die Türme seiner Vaterstadt von fern in der Sonne blitzen. Da fing er an zu laufen, was er laufen konnte, so daß die Leute hinter ihm her den Kopf schüttelten und sagten:

»Entweder ist's ein Narr, oder er hat gestohlen.« Wie er aber in das Tor der Stadt eintrat, begegnete ihm ein langer Leichenzug. Hinter dem Sarge her gingen eine Menge Leute, welche weinten. »Wen begrabt ihr hier, ihr guten Leute, daß ihr so weint?« »Es ist die schöne Frau des Orgelbaumeisters, die ihr böser Mann verlassen hat. Sie hat uns allen so viel Gutes und Liebes getan, daß wir sie in der Kirche beisetzen wollen.« Als er dies hörte, entgegnete er kein Wort, sondern ging still gebeugten Hauptes neben dem Sarge her und half ihn tragen. Niemand erkannte ihn; weil sie ihn aber fortwährend schluchzen und weinen hörten, störte ihn keiner, denn sie dachten: Das wird wohl auch einer von den vielen armen Leuten sein, denen die Tote bei Lebzeiten Gutes erwiesen hat. So kam der Zug zur Kirche, und wie die Träger die Kirchschwelle überschritten, fing die Orgel von selbst zu spielen an, so herrlich, wie noch niemand eine Orgel spielen gehört.

Sie setzten den Sarg vor dem Altare nieder, und der Orgelbaumeister lehnte sich still an eine Säule daneben und lauschte den Tönen, die immer gewaltiger anschwollen, so gewaltig, daß die Kirche in ihren Grundpfeilern bebte. Die Augen fielen ihm zu, denn er war sehr müde von der weiten Reise; aber sein Herz war freudig, denn er wußte, daß ihm Gott verziehen habe, und als der letzte Ton der Orgel verklang, fiel er tot auf das steinerne Pflaster nieder. Da hoben die Leute die Leiche auf, und wie sie inne wurden, wer es sei, öffneten sie den Sarg und legten ihn zu seiner Braut. Und wie sie den Sarg wieder schlossen, begann die Orgel noch einmal ganz leise zu tönen. Dann wurde sie still und hat seitdem nie wieder von selbst geklungen.

Goldtöchterchen

Vor dem Tor, gleich an der Wiese, stand ein Haus, darin wohnten zwei Leute, die hatten nur ein einziges Kind, ein ganz kleines Mädchen. Das nannten sie Goldtöchterchen. Es war ein liebes, kregles kleines Ding, flink wie ein Wiesel. Eines Morgens geht die Mutter früh in die Küche, Milch zu holen; da steigt das Ding aus dem Bett und stellt sich im Hemdchen in die Haustüre. Nun war ein wunderherrlicher Sommermorgen, und wie es so in der Haustüre steht, denkt es: Vielleicht regnet's morgen; da ist's besser, du gehst heute spazieren. Wie's so denkt, geht's auch schon; läuft hinters Haus auf die Wiese und von der Wiese bis an den Busch. Wie's an den Busch kommt, wackeln die Haselbüsche ganz ernsthaft mit den Zweigen und rufen:

»Nacktfrosch im Hemde,
Was willst du in der Fremde?
Hast kein' Schuh und hast kein' Hos',
Hast ein einzig Strümpfel bloß;
Wirst du noch den Strumpf verlier'n,
Mußt du dir ein Bein erfrier'n.
Geh nur wieder heime;
Mach dich auf die Beine!«

Aber es hört nicht, sondern läuft in den Busch, und wie es durch den Busch ist, kommt es an den Teich. Da steht die Ente am Ufer mit einer vollen Mandel Junger, alle goldgelb wie die Eidotter, und fängt entsetzlich an zu schnattern; dann läuft sie Goldtöchterchen entgegen, sperrt den Schnabel auf und tut, als wenn sie es fressen wollte. Aber Goldtöcherchen fürchtet sich nicht, geht gerade darauf los und sagt:

»Ente, du Schnatterlieschen,
Halt doch den Schnabel und schweig ein bißchen!«

»Ach«, sagt die Ente, »du bist's, Goldtöchterchen! Ich hatte dich gar nicht erkannt; nimm's nur nicht übel! Nein, du tust uns nichts. Wie geht es dir denn? Wie geht es denn deinem Herrn Vater und deiner Frau Mutter? Das ist ja recht schön, daß du uns einmal besuchst. Das ist ja eine große Ehre für uns. Da bist du wohl recht früh aufgestanden? Also, du willst dir wohl auch einmal unsern Teich besehen? Eine recht schöne Gegend! Nicht wahr?«

Wie sie ausgeschnattert hat, fragt Goldtöchterchen: »Sag einmal, Ente, wo hast du denn die vielen kleinen Kanarienvögel her?«

»Kanarienvögel?« wiederholt die Ente, »ich bitte dich, es sind ja bloß meine Jungen.«

»Aber sie singen ja so fein und haben keine Federn, sondern bloß Haare! Was bekommen denn deine kleinen Kanarienvögel zu essen?«

»Die trinken klares Wasser und essen feinen Sand.«

»Davon können sie ja aber unmöglich wachsen.«

»Doch, doch«, sagt die Ente; »der liebe Gott segnet's ihnen; und dann ist auch zuweilen im Sand ein Würzelchen und im Wasser ein Wurm oder eine Schnecke.«

»Habt ihr denn keine Brücke?« fragt dann weiter Goldtöchterchen.

»Nein«, sagt die Ente, »eine Brücke haben wir nun allerdings leider nicht. Wenn du aber über den Teich willst, will ich dich gern hinüberfahren.«

Darauf geht die Ente ins Wasser, bricht ein großes Wasserrosenblatt ab, setzt Goldtöchterchen darauf, nimmt den langen Stengel in den Schnabel und fährt Goldtöchterchen hinüber. Und die kleinen Entchen schwimmen munter nebenher.

»Schönen Dank, Ente!« sagte Goldtöchterchen, als es drüben angekommen ist.

»Keine Ursache«, sagt die Ente. »Wenn du mich mal wieder brauchst, steh ich gern zu Diensten. Empfiehl mich deinen Eltern. Schön adje!«

Auf der anderen Seite des Teiches ist wieder eine große grüne Wiese, auf der geht Goldtöchterchen weiter spazieren. Nicht lange, so sieht es einen Storch, auf den läuft's gerade zu: »Guten Morgen, Storch«, sagt's; »was ißt du denn, was so grünscheckig aussieht und dabei quakt?«

»Zappelsalat«, antwortet der Storch, »Zappelsalat, Goldtöchterchen!«

»Gib mir auch was, ich bin hungrig!«

»Zappelsalat ist nichts für dich«, sagt der Storch; geht an den Bach, taucht mit seinem langen Schnabel tief unter und holt erst einen goldenen Becher mit Milch und dann eine Wecke heraus. Darauf hebt er den rechten Flügel und läßt eine Zuckertüte herunterfallen. Goldtöchterchen läßt sich's nicht zweimal sagen, sondern setzt sich hin und ißt und trinkt. Wie's satt ist, sagt's:

»Ein'n schönen Dank,
Und gute Gesundheit dein Leben lang!«

Darauf läuft's weiter. Nicht lange, so kommt ein kleiner blauer Schmetterling geflogen. »Kleines Blaues«, sagt Goldtöchterchen, »wollen wir uns ein wenig haschen?« »Ich bin's zufrieden«, antwortet der Schmetterling, »aber du darfst mich nicht angreifen, damit nichts abgeht.«

Nun haschen sie sich lustig auf der Wiese herum, bis es Abend wird. Wie es anfängt zu dämmern, setzt sich Goldtöchterchen hin und denkt, jetzt willst du dich ausruhen; dann gehst du nach Hause. Wie's so sitzt, merkt's, daß die Blumen im Grase auch schon alle müde sind und einschlafen wollen. Das Gänseblümchen nickt ganz schläfrig mit dem Kopfe, richtet sich dann noch einmal auf, sieht sich mit gläsernen Augen um, und dann nickt's noch einmal. Da steht eine weiße Aster daneben (und das war jedenfalls die Mutter) und sagt:

»Gänseblümchen, mein Engelchen,
Fall' nicht vom Stengelchen!

Geh zu Bett, mein Kind.« Und das Gänseblümchen duckt sich hin und schläft ein. Dabei verschiebt sich's weiße Mützchen, daß ihm die Spitzen gerade über's Gesicht fallen. Darauf schläft auch die Aster ein.

Wie Goldtöchterchen sieht, daß alles schläft, fallen ihm die Augen auch zu. Da liegt es nun auf der Wiese und schläft, und mittlerweile läuft seine Mutter immer noch im ganzen Hause umher und sucht's und weint. Sie geht in alle Kammern und sieht in alle Winkel, unter alle Betten und unter die Treppe. Dann geht sie auf die Wiese bis an den Busch und durch den Busch bis an den Teich. Über den Teich kann es nicht gekommen sein, denkt sie und geht wieder zurück, und durchsucht noch einmal alle Winkel und Ecken und sieht unter alle Betten und unter die Treppe. Wie sie damit fertig ist, geht sie wieder auf die Wiese, und wieder in den Busch, und wieder bis an den Teich. Das tut sie den ganzen Tag, und je länger sie es tut, desto mehr weint sie. Der Mann aber läuft unterdessen in der ganzen Stadt umher und fragt, ob niemand Goldtöchterchen gesehen hat.

Als es aber ganz dunkel geworden war, kam einer von den zwölf Engeln, die jeden Abend über die ganze Welt hinwegfliegen müssen, um nachzusehen, ob sich nicht irgendwo ein kleines Kind verlaufen hat, und es wieder zu seiner Mutter zu bringen, auch auf die grüne Wiese. Als er Goldtöchterchen hier liegen und schlafen sah, hob er es behutsam auf, ohne es zu wecken, flog bis über die Stadt und sah nach, in welchem Hause noch Licht war. »Das wird wohl das Haus sein, wo's hingehört«, sagte er, als er das Haus von Goldtöchterchens Eltern sah, und das Licht im Wohnzimmer brannte immer noch.

Heimlich sah er zum Fenster hinein: Da saßen Vater und Mutter sich an dem kleinen Tische gegenüber und weinten, und unter dem Tisch hielten sie sich die Hände. Da öffnete er ganz leise die Haustüre, legte das Kind unter die Treppe und flog fort.

Und die Eltern saßen immer noch am Tisch. Da stand die Frau auf, zündete noch ein Licht an und leuchtete noch einmal in alle Winkel und Ecken und unter die Betten.

»Frau«, sagte der Mann traurig, »du hast ja schon so oft vergeblich in alle Winkel und Ecken und unter die Treppe gesehen. Geh zu Bett. Unser Goldtöchterchen wird wohl in den Teich gefallen und ertrunken sein.«

Doch die Frau hörte nicht, sondern ging weiter, und wie sie unter die Treppe leuchtete, da lag das Kind da und schlief. Da schrie sie vor Freude so laut auf, daß der Mann eilends die Treppe herabgesprungen kam. Mit dem Kinde auf dem Arm kam sie ihm freudestrahlend entgegen. Es schlief ganz fest, so müde hatte es sich gelaufen.

»Wo war es denn? Wo war es denn?« rief er.

»Unter der Treppe lag's und schlief«, erwiderte die Frau, »und ich habe doch heute schon so oft unter die Treppe gesehen.«

Da schüttelte der Mann mit dem Kopfe und sagte: »Mit rechten Dingen geht's nicht zu, Mutter; wir wollen nur Gott danken, daß wir unser Goldtöchterchen wieder haben!«

Vom unsichtbaren Königreiche

In einem kleinen Hause, welches wohl eine Viertelstunde abseits von dem übrigen Dorfe auf der halben Berghöhe lag, wohnte mit seinem alten Vater ein junger Bauer, namens Jörg. Es gehörten zu dem Hause so viel Ackerfeld, daß beide eben keine Sorgen hatten. Gleich hinter dem Hause fing der Wald an, mit Eichen und Buchen, so alt, daß die Enkelkinder von denen, welche sie gepflanzt hatten, schon seit mehr als hundert Jahren tot waren; vor ihm aber lag ein alter zebrochener Mühlstein – wer weiß, wie der dahin gekommen war. Wer sich auf ihn setzte, der hatte eine wundervolle Aussicht hinab ins Tal, auf den Fluß, der das Tal durchströmte, und die Berge, die jenseits des Flusses aufstiegen. Hier saß der Jörg am Abend, wenn er seine Arbeit auf dem Feld getan hatte, den Kopf auf die Hände und die Ellenbogen auf die Knie gestützt, oft stundenlang und träumte, und weil er sich wenig um die Leute im Dorf bekümmerte und meist still und in sich gekehrt einherging wie einer, der an allerhand denkt, nannten ihn die Leute spottweise Traumjörge. Dies war ihm jedoch völlig gleichgültig.

Je älter er aber ward, desto stiller wurde er; und als sein alter Vater endlich starb und er ihn unter einer großen alten Eiche begraben hatte, wurde er ganz still. Wenn er dann auf dem alten zerbrochenen Mühlsteine saß, was er jetzt viel häufiger tat als zuvor, und hinab in das herrliche Tal sah, wie die Abendnebel an dem einen Ende hereintraten und langsam an den Bergen hinwandelten, wie es dann dunkler wurde und dunkler, bis zuletzt der Mond und die Sterne in ihrer ganzen Herrlichkeit am Himmel heraufzogen: dann wurde es ihm so recht wunderbar ums Herz. Denn dann fingen die Wellen im Fluß zu singen an, anfangs ganz leise, bald aber deutlich vernehmbar, und sie sangen von den Bergen, wo sie herkämen, vom Meer, wo sie hinwollten, und von den Nixen, die tief unten im Grunde des Flusses wohnten. Darauf begann auch der Wald zu rauschen, ganz anders wie ein gewöhnlicher Wald, und erzählte die wunderbarsten Sachen. Besonders der alte Eichbaum, der an seines Vaters Grabe stand, der wußte noch viel mehr wie alle die anderen Bäume. Die Sterne aber, die hoch am Himmel standen, bekamen die größte Lust, herabzufallen in den grünen Wald und in den blauen Strom, und flimmerten und zitterten wie jemand, der es gar nicht mehr aushalten kann. Doch die Engel, von denen hinter jedem Sterne einer steht, hielten sie jedesmal fest und sagten: »Sterne, Sterne, macht keine Torheiten! Ihr seid ja viel zu alt dazu, viele tausend Jahre und noch mehr! Bleibt im Lande und nährt euch redlich!« –

Es war ein wunderbares Tal! – Aber alles das sah und hörte bloß der Traumjörge. Die Leute, welche im Dorf wohnten, ahnten gar nichts davon; denn es waren ganz gewöhnliche Leute. Dann und wann schlugen sie einen von den alten Baumriesen um, zersägten und zerspellten ihn, und wenn sie eine hübsche Klafter aufgerichtet hatten, sprachen sie: »Nun können wir uns wieder eine Weile Kaffee kochen.« Und im Fluß wuschen sie ihre Wäsche; das war ihnen sehr bequem. Von den Sternen aber, wenn sie so recht funkelten, sagten sie weiter nichts als: »Es wird heute nacht recht kalt werden; wenn nur unsere Kartoffeln nicht erfrieren.« Versuchte es einmal der arme Traumjörge, ihnen eine andere Meinung beizubringen, so lachten sie ihn aus. Es waren eben ganz gewöhnliche Leute.

Wie er nun so eines Tages wieder auf dem alten Mühlsteine saß und bei sich bedachte, daß er doch auf der ganzen Welt mutterseelenallein sei, schlief er ein. Da träumte ihm, es hinge vom Himmel eine goldene Schaukel an zwei silbernen Seilen herab. Jedes Seil war an einem Sterne befestigt; auf der Schaukel aber saß eine reizende Prinzessin und schaukelte sich so hoch, daß sie vom Himmel zur Erde herab und von der Erde wieder zum Himmel hinauf flog. Jedesmal, wenn die Schaukel bis an die Erde kam, klatschte die Prinzessin vor Freude in ihre Hände und warf ihm eine Rose zu. Aber plötzlich rissen die Seile, und die Schaukel mit der Prinzessin flog weit in den Himmel hinein, immer weiter, immer weiter, bis er sie zuletzt nicht mehr sehen konnte.

Da wachte er auf, und als er sich umsah, lag neben ihm auf dem Mühlsteine ein großer Strauß von Rosen.

Am nächsten Tag schlief er wieder ein und träumte dasselbe. Beim Erwachen lagen richtig die Rosen wieder da.

So ging es die ganze Woche hindurch. Da sagte sich Traumjörge, daß doch irgend etwas Wahres an dem Traum sein müsse, weil er ihn immer wieder träumte. Er schloß sein Haus zu und machte sich auf, die Prinzessin zu suchen.

Nachdem er viele Tage gegangen war, erblickte er von weitem ein Land, wo die Wolken bis auf die Erde hingen. Er wanderte rüstig darauf zu, kam aber in einen großen Wald. Plötzlich hörte er hier ein ängstliches Stöhnen und Wimmern, und als er auf die Stelle zugegangen war, von welcher das Gestöhn und Gewimmer herkam, sah er einen ehrwürdigen Greis mit silbergrauem Barte auf der Erde liegen. Zwei widerlich häßliche, splitternackte Kerle knieten auf ihm und suchten ihn zu erwürgen. Da blickte er um sich, ob er nicht irgendeine

Waffe fände, mit der er den beiden Kerlen zu Leibe gehen könnte, und da er nichts fand, riß er in seiner Todesangst einen großen Baumast ab. Kaum jedoch hatte er diesen erfaßt, als er sich in seinen Händen in eine mächtige Hellebarde verwandelte. Damit stürmte er auf die beiden Ungeheuer los und rannte sie ihnen durch den Leib, so daß sie mit Geheul den Alten losließen und fortsprangen.

Darauf hob er den ehrwürdigen Greis auf, tröstete ihn und fragte, warum ihn die beiden nackten Kerle hätten erwürgen wollen.

Da erzählte jener, er sei der König der Träume und aus Versehen etwas vom Wege ab in das Reich seines größten Feindes, des Königs der Wirklichkeit, gekommen. Sobald dies der König der Wirklichkeit bemerkt habe, hätte er ihm durch zwei seiner Diener auflauern lassen, damit sie ihm den Garaus machten.

»Hattest du denn dem König der Wirklichkeit etwas zuleide getan?« fragte Traumjörge.

»Behüte Gott!« versicherte jener. »Er wird aber überhaupt sehr leicht gegen andere ausfällig. Dies liegt in seinem Charakter – und mich besonders haßt er wie die Sünde!«

»Aber die Kerle, die er geschickt hatte, dich zu erwürgen, waren ja ganz nackt!«

»Jawohl«, sagte der König, »splitterfasernackt. Das ist so Mode im Lande der Wirklichkeit. Alle Leute gehen dort nackt, selbst der König, und schämen sich nicht einmal. Es ist ein abscheuliches Volk! – Weil du mir nun aber das Leben gerettet hast, will ich mich dankbar gegen dich erweisen und dir mein Land zeigen. Es ist wohl das herrlichste der Welt, und die Träume sind meine Untertanen!«

Darauf ging der König der Träume voran, und Jörg folgte ihm. Als sie an die Stelle kamen, wo die Wolken auf die Erde hingen, wies der König auf eine Falltüre, welche so versteckt im Busch lag, daß sie gar nicht zu finden war, wenn man es nicht wußte. Er hob sie auf und führte seinen Begleiter fünfhundert Schritte hinab in eine hell erleuchtete Grotte, welche sich meilenweit in wunderbarer Pracht hinzog. Es war unsäglich schön! Da waren Schlösser auf Inseln mitten in großen Seen, und die Inseln schwammen umher wie Schiffe. Wenn man in ein solches Schloß hineingehen wollte, brauchte man sich nur an das Ufer zu stellen und zu rufen:

»Schlößlein, Schlößlein, schwimm heran,
Daß ich in dich 'reingehn kann!«

dann kam es von selbst an das Ufer. Weiter waren noch andere Schlösser da auf den Wolken; die flogen langsam in der Luft. Sprach man aber:

»Steig herab, mein Luftschlößlein,
Daß ich kann in dich hinein!«

so senkten sie sich langsam nieder. Außerdem waren noch da Gärten mit Blumen, die am Tag dufteten und in der Nacht leuchteten; schillernde Vögel, die Märchen erzählten, und eine Menge anderer ganz wunderbarer Sachen. Traumjörge konnte mit Staunen und Bewundern gar nicht fertig werden.

»Nun will ich dir auch noch meine Untertanen, die Träume, zeigen«, sagte der König. »Ich habe deren drei Sorten. Gute Träume für die guten Menschen, böse Träume für die bösen und außerdem Traumkobolde. Mit den letzteren mache ich mir zuweilen einen Spaß, denn ein König muß doch auch zuweilen seinen Spaß haben.« –

Zuerst führte er ihn also in eins der Schlösser, welches eine so verzwickte Bauart hatte, daß es förmlich komisch aussah: »Hier wohnen die Traumkobolde«, sprach er, »ein kleines, übermütiges, schabernackiges Volk. Tut niemanden was, aber neckt gern.«

»Komm einmal her, Kleiner«, rief er darauf einem der Kobolde zu, »und sei einmal einen einzigen Augenblick ernsthaft.« Hernach fuhr er fort und sagte zu Traumjörge: »Weißt du, was der Schelm tut, wenn ich ihm einmal ausnahmsweise erlaube, auf die Erde hinaufzusteigen? Er läuft ins nächste Haus, holt den ersten besten Menschen, der gerade wunderschön schläft, aus den Federn, trägt ihn auf den Kirchturm und wirft ihn kopfüber herunter. Dann springt er eiligst die Turmtreppe hinab, so daß er unten eher ankommt, fängt ihn auf, trägt ihn wieder nach Haus und schmeißt ihn so ins Bett, daß es kracht und er davon aufwacht. Dann reibt er sich den Schlaf aus den Augen, sieht sich ganz verwundert um und spricht: ‚Ei du lieber Gott, war mir's doch gerade, als wenn ich vom Kirchturm herabfiele. Es ist nur gut, daß ich bloß geträumt habe.'«

»Das ist der?« rief Traumjörge. »Siehst du, der ist auch schon einmal bei mir gewesen! Wenn er aber wiederkommt und ich erwische ihn, soll's ihm schlecht ergehen.« Kaum hatte er dies noch gesagt, so sprang ein andrer Traumkobold unter dem Tische hervor. Der sah aus wie ein kleiner Hund, denn er hatte ein ganz zottiges Wämslein an, und die Zunge streckte er auch heraus.

»Der ist auch nicht viel besser«, meinte der Traumkönig. »Er bellt wie ein Hund, und dabei hat er Kräfte wie ein Riese. Wenn dann die Leute im Traume Angst bekommen, hält er sie an Händen und Beinen fest, daß sie nicht fort können.«

»Den kenne ich auch«, fiel Traumjörge ein. »Wenn man fort will, ist es einem, als wenn man starr und steif wie ein Stück Holz wäre. Wenn man den Arm aufheben will, geht es nicht, und wenn man die Beine rühren will, geht es auch nicht. Manchmal ist's aber kein Hund, sondern ein Bär, oder ein Räuber, oder sonst etwas Schlimmes!«

»Ich werde ihnen nie wieder erlauben, dich zu besuchen«, beruhigte ihn der König. »Nun komm einmal zu den bösen Träumen, aber fürchte dich nicht, sie werden dir keinen Schaden zufügen; sie sind nur für die bösen Menschen.« Damit traten sie in einen ungeheuren Raum ein, der von einer hohen Mauer umgeben und mittels einer gewaltigen eisernen Türe verschlossen war. Hier wimmelte es von den greulichsten Gestalten und entsetzlichsten Ungeheuern. Manche sahen wie Menschen, halb wie Tiere, manche ganz wie Tiere aus. Erschrocken wich Traumjörge zurück bis an die eiserne Türe. Doch der König redete ihm freundlich zu und sprach: »Willst du dir nicht genauer besehen, was böse Menschen träumen müssen?« Und er winkte einem Traume, der zunächst stand; das war ein scheußlicher Riese, der hatte unter jedem Arme ein Mühlrad.

»Erzähle, was du heut Nacht tun wirst!« herrschte der König ihn an.

Da zog das Ungeheuer den Kopf in die Schultern und den Mund bis zu den Ohren, wackelte mit dem Rücken wie einer, der sich so recht freut, und sagte grinsend: »Ich gehe zum reichen Mann, der seinen Vater hat hungern lassen. Als der alte Mann sich eines Tages auf die steinerne Treppe vor dem Hause seines Sohnes gesetzt hatte und um Brot bat, kam der Sohn und sagte zum Gesinde: ‚Jagt mir einmal den Hampelmann fort!' Da gehe ich nun nachts zu ihm und ziehe ihn zwischen den zwei Mühlrädern durch, bis alle Knochen hübsch kurz und klein gebrochen sind. Ist er dann so recht schmeidig und zapplig geworden, so nehme ich ihn am Kragen, schüttle ihn und sage: ‚Siehst du, wie hübsch du nun zappelst, du Hampelmann!' Dann wacht er auf, klappert mit den Zähnen und ruft: ‚Frau, bring mir noch ein Deckbett, mich friert!' Und wenn er wieder eingeschlafen ist, mache ich's aufs neue!«

Als Traumjörge dies gehört, drängte er sich mit Gewalt zur Tür hinaus, den König nach sich ziehend, und rief: »Nicht einen Augenblick länger bleibe ich hier bei den bösen Träumen. Das ist ja entsetzlich!«

Der König führte ihn nun in einen prächtigen Garten, wo die Wege von Silber, die Beete von Gold und die Blumen von geschliffenen Edelsteinen waren. In dem gingen die guten Träume spazieren. Das erste, was er sah, war ein Traum wie eine junge blasse Frau, die hatte unter dem einen Arme eine Arche Noah und unter dem anderen einen Baukasten.

»Wer ist denn das?« fragte der Traumjörge.

»Die geht abends immer zu einem kleinen kranken Knaben, dem seine Mutter gestorben ist. Am Tag ist er ganz allein, und niemand bekümmert sich um ihn; aber gegen Abend geht sie zu ihm, spielt mit ihm und bleibt die ganze Nacht. Er schläft immer schon sehr früh ein, deshalb geht sie auch so zeitig. Die andern Träume gehen viel später. – Komm nur weiter; wenn du alles sehen willst, müssen wir uns sputen!«

Darauf gingen sie tiefer in den Garten hinein, mitten unter die guten Träume. Es waren Männer, Frauen, Greise und Kinder, alle mit lieben und guten Gesichtern und in den schönsten Kleidern. In den Händen trugen viele von ihnen alle möglichen Dinge, die sich das Herz nur wünschen kann. – Auf einmal blieb Traumjörge stehen und schrie so laut, daß alle Träume sich umdrehten.

»Was hast du denn?« fragte der König.

»Das ist ja meine Prinzessin, die mir so oft erschienen ist und mir die Rosen geschenkt hat!« rief der Traumjörge ganz entzückt aus.

»Freilich, freilich!« erwiderte jener. »Das ist sie. Nicht wahr, ich habe dir immer einen sehr hübschen Traum geschickt? Es ist beinahe der hübscheste, den ich habe.«

Da lief der Traumjörge auf die Prinzessin zu, die gerade wieder auf ihrer kleinen goldenen Schaukel saß und sich schaukelte. Sobald sie ihn kommen sah, sprang sie herab und ihm gerade in die Arme. Er aber nahm sie an der Hand und führte sie an eine goldene Bank. Da setzten sich beide hin und erzählten sich, wie hübsch es wäre, daß sie sich wieder sähen. Und wenn sie damit fertig waren, fingen sie immer wieder von vorne an. Der König der Träume aber ging mittlerweile fortwährend auf dem großen Wege, der gerade durch den Garten ging, auf und ab, die Hände auf dem Rücken, und zuweilen nahm er die Uhr heraus und sah nach, wie spät es wäre, weil der Traumjörge und die Prinzessin immer noch nicht mit dem fertig waren, was sie sich zu erzählen hatten. Zuletzt ging er jedoch wieder zu ihnen und sagte: »Kinder, nun ist es gut! Du, Traumjörge, hast noch weit zu Hause, und über Nacht kann ich dich nicht hierbehalten, denn ich habe keine Betten, weil nämlich die Träume nicht schlafen, sondern nachts immer zu den Menschen auf die Erde hinaufgehen müssen; und du, Prinzeßchen, du mußt dich fertigmachen. Zieh dich heute einmal ganz rosa an, und nachher komm zu mir, damit ich dir sage, wem du heute erscheinen und was du ihm sagen sollst.«

Als dies der Traumjörge gehört, ward es ihm auf einmal so mutig ums Herz, wie noch nie in seinem Leben. Er stand auf und sagte mit fester Stimme: »Herr König, von meiner Prinzessin lass' ich nun nimmermehr. Entweder Ihr müßt mich hier unten behalten, oder Ihr müßt mir sie mit auf die Erde geben. Ich kann ohne sie nicht leben, dazu habe ich sie viel zu lieb!« Dabei trat ihm in jedes Auge eine Träne, so groß wie eine Haselnuß.

»Aber Jörge, Jörge«, erwiderte der König, »es ist ja der allerhübscheste Traum, den ich habe! Doch du hast mir das Leben gerettet, so sei es denn. Nimm deine Prinzessin und steige mit ihr hinauf zur Erde. Sobald du oben angelangt bist, so nimm ihr den silbernen Schleier vom Kopf und wirf ihn mir durch die Falltüre wieder herab. Dann wird deine Prinzessin von Fleisch und Blut wie ein anderes Menschenkind sein; denn jetzt ist es ja nur ein Traum!«

Da bedankte sich Traumjörge auf das herzlichste und sagte: »Lieber König, weil du nun einmal so überaus gut bist, so möchte ich wohl noch eine Bitte wagen. Sieh, eine Prinzessin habe ich nun, doch es fehlt mir immer noch ein Königreich; und es ist doch ganz unmöglich, daß eine Prinzessin ohne ein Königreich sein kann. Kannst du mir denn keins verschaffen, wenn es auch nur ein ganz kleines ist?«

Darauf antwortete der König: »Sichtbare Königreiche, Traumjörge, habe ich zwar nicht zu vergeben, aber unsichtbare; und davon sollst du eins bekommen, und zwar eins der größten und herrlichsten, was ich noch habe.«

Da fragte Traumjörge, wie es mit den unsichtbaren Königreichen beschaffen wäre; indes der König bedeutete ihm, er würde dies schon alles erfahren und sein blaues Wunder erleben, so schön und herrlich sei es mit den unsichtbaren Königreichen.

»Nämlich«, sagte er, »mit den gewöhnlichen, sichtbaren ist es doch zuweilen eine sehr unangenehme Sache. Zum Exempel: du bist König in einem gewöhnlichen Königreiche, und frühmorgens tritt der Minister an dein Bett und sagt: ‚Majestät, ich brauche tausend Taler fürs Reich.' Darauf öffnest du die Staatskasse und findest auch nicht einen Heller darin! Was willst du dann anfangen? Oder, zum andern: du bekommst Krieg und verlierst, und der andere König, der dich besiegt hat, heiratet deine Prinzessin; dich aber sperrt er in einen Turm. So etwas kann in einem unsichtbaren Königreiche nicht vorfallen!«

»Wenn wir es nun aber nicht sehen«, fragte Traumjörge noch immer etwas betreten, »was kann uns dann unser Königreich nützen?«

»Du sonderbarer Mensch«, sagte der König darauf und hielt den Zeigefinger an die Stirn, »du und deine Prinzessin, ihr seht es schon! Ihr seht die Schlösser und Gärten, die Wiesen und Wälder, die zu dem Königreich gehören, wohl! Ihr wohnt darin, geht spazieren und könnt alles damit machen, was euch gefällt; nur die andern Leute sehen es nicht.«

Da war Traumjörge hoch erfreut, denn es war ihm schon etwas ängstlich zumut, ob die Leute im Dorf ihn nicht scheel ansehen würden, wenn er mit seiner Prinzessin nach Hause käme und König wäre. Er nahm sehr gerührt Abschied vom König der Träume, stieg mit der Prinzessin die fünfhundert Stufen hinauf, nahm ihr den silbernen Schleier vom Kopf und warf ihn hinunter. Darauf wollte er die Falltür zumachen, aber sie war sehr schwer. Er konnte sie nicht halten und ließ sie fallen. Da gab es einen ungeheuren Knall, fast so arg, als wenn viele Kanonen auf einmal losgeschossen werden, und es vergingen ihm auf einen Augenblick die Sinne. Als er wieder zu sich kam, saß er vor seinem Häuschen auf dem alten Mühlstein und neben ihm die Prinzessin, und sie war von Fleisch und Blut wie ein gewöhnliches Menschenkind. Sie hielt seine Hand, streichelte sie und sagte: »Du lieber, guter, närrischer Mensch, du hast dich so lange nicht getraut, mir zu sagen, wie lieb du mich hast? Hast du dich denn vor mir gefürchtet?« –

Und der Mond ging auf und beleuchtete den Fluß, die Wellen schlugen klingend ans Ufer, und der Wald rauschte; doch sie saßen immer noch und schwatzten. Da war es plötzlich, als wenn eine kleine, schwarze Wolke vor den Mond träte, und auf einmal fiel etwas vor ihre Füße nieder, wie ein großes zusammengelegtes Tuch. Darauf stand der Mond wieder in vollem Glanze. Sie hoben das Tuch auf und breiteten es auseinander. Es war aber sehr fein und viele hundert Male zusammengelegt, so daß sie viel Zeit brauchten. Als sie es vollständig auseinandergefaltet hatten, sah es aus wie eine große Landkarte. In der Mitte ging ein Fluß, und zu beiden Seiten waren Städte, Wälder und Seen. Da merkten sie, daß es ein Königreich war und daß es der gute Traumkönig ihnen vom Himmel hatte herunterfallen lassen. Und als sie sich nun ihr kleines Häuschen besahen, war es zu einem

wundervollen Schlosse geworden, mit gläsernen Treppen, Wänden von Marmelstein, Tapeten von Samt und spitzen Türmen mit blauen Schieferdächern. Da faßten sie sich an und gingen in das Schloß hinein, und als sie eintraten, waren schon die Untertanen versammelt und verneigten sich tief. Pauken und Trompeten erschallten, und Edelknaben gingen vor ihnen her und streuten Blumen. Da waren sie König und Königin. –

Am andern Morgen aber lief es wie ein Feuer durch das Dorf, daß der Traumjörge wiedergekommen sei und sich eine Frau mitgebracht habe. »Das wird auch etwas Gescheites sein«, sagten die Leute.

»Ich habe sie heute früh schon gesehen«, fiel einer von den Bauern ins Wort, »als ich in den Wald ging. Sie stand mit ihm vor der Türe. Es ist nichts Besonderes, eine ganz gewöhnliche Person, klein und schmächtig. Ziemlich ärmlich war sie auch angezogen. Wo soll's denn am Ende auch herkommen! Er hat nichts, da wird sie wohl auch nichts haben!«

So schwatzten sie, die dummen Leute; denn sie konnten es nicht sehen, daß es eine Prinzessin war. Und daß das Häuschen sich in ein großes, wundervolles Schloß verwandelt hatte, bemerkten sie in ihrer Einfalt auch nicht, denn es war eben ein unsichtbares Königreich, was dem Traumjörge vom Himmel heruntergefallen war. Aus diesem Grunde bekümmerte er sich auch um die dummen Leute gar nicht, sondern lebte in seinem Königreiche und mit seiner lieben Prinzessin herrlich und vergnügt. Und er bekam sechs Kinder, eins immer schöner wie das andere, und das waren lauter Prinzen und Prinzessinnen. Niemand aber wußte es im Dorf, denn das waren ganz gewöhnliche Leute und viel zu einfältig, um es einzusehen.

Wie der Teufel ins Weihwasser fiel

Daß der Teufel öfters Unglück hat, weiß jedermann. Ja, es kommt so häufig vor, daß man einen Menschen, der Zahnschmerzen hat oder im Winter mit zerrissenen Stiefeln auf der Chaussee Steine klopfen muß oder dem sein Schatz an seinem Geburtstage einen Brief schickt, in dem kein Glückwunsch steht, wohl aber eine Absage auf immer – daß man sie alle drei arme Teufel nennt.

Eines Tages schnupperte der Teufel im Kölner Dome umher, in der Hoffnung, vielleicht ein fettes Mönchlein oder eine alte Betschwester zu erhaschen, da stolperte er und – plantsch! – fiel er mitten in das Becken mit dem Weihwasser hinein. Da hättet ihr sehen sollen, was er für Gesichter schnitt, wie er sprudelte und prustete und wie er flink machte, daß er wieder herauskam! Und wie er sich nachher schüttelte und wie ein begossener Pudel davonschlich! Dabei war es noch um die Weihnachtszeit, so daß er vor Frost klapperte, als er vor dem Dome stand, aus dem er schleunigst retiriert war, weil er fürchtete, daß die Frommen es bemerkt haben und ihn auslachen könnten.

»Was fang' ich nun an?« sagte er und besah sich von oben bis unten. »Zu Haus, in die Hölle, getraue ich mich in dem Aufzuge nicht. Meine Großmutter würde mir gut den Text lesen. Ich werde auf ein paar Stunden ins Mohrenland gehen, da ist es warm und ich kann meine Kleider trocknen. Außerdem werden heute dort Gefangene geschlachtet. Hab ich meinen Operngucker mit?«

Er ging also nach Mohrenland, sah beim Schlachten zu, klatschte tüchtig Bravo, wenn es ihm gefiel, und als sein Rock völlig trocken war, trollte er sich vergnügt nach Hause, in die Hölle.

Als er aber kaum in die Stube eingetreten war und die Großmutter seiner angesichtig wurde, ward sie abwechselnd veilchenblau und schwefelgelb im Gesicht und rief:

»Wonach riechst du wieder einmal, und wie siehst du aus, du Lump?! Hast du dich schon wieder in den Kirchen herumgetrieben?« – Da erzählte der Teufel stotternd, was ihm passiert war.

»Zieh den Rock aus«, herrschte die Großmutter ihn an, »und leg dich einstweilen ins Bett.« Und der Teufel tat, wie ihm befohlen war, und zog sich das blau und rot karierte Federbett so weit über die Ohren, daß unten die schwarzen Fußspitzen herausguckten; denn er schämte sich gewaltig. Die Großmutter aber faßte den Rock mit zwei Fingern an seinem äußersten Zipfel wie die Köchin eine tote Maus am Schwanz. »Brr!« sagte sie und schüttelte sich vor Ekel. »Wie der Rock aussieht!« Dann trug sie ihn in die Gosse, wo der ganze dicke Höllenschlamm und das ganze Spülwasser aus der Hölle abläuft, zog ihn ein paarmal durch, weichte ihn ein und wusch ihn in der Gosse. Darauf hing sie ihn über einen Stuhl ans Feuer und ließ ihn trocknen.

Als er ganz trocken war und der Teufel eben schon ein Bein aus dem Bett herausstreckte, um aufzustehen und den Rock anzuziehen, nahm sie den Rock noch einmal und beroch ihn:

»Pfui!« sagte sie und nieste, »was doch so ein Kirchengeruch schwer wegzubringen ist«, holte ein Kohlenbecken, streute ein paar Hände voll klein gehackter Hundehaare und geraspelter Pferdehufe darauf, und wie es so recht brenzlig zu riechen begann, hielt sie den Rock darüber. »So«, sagte sie zum Teufel, »nun ist der Rock rein, nun kannst du dich doch wieder in anständiger Gesellschaft sehen lassen! Aber ich verbitte mir, daß so etwas wieder vorkommt! Verstehst du mich?«

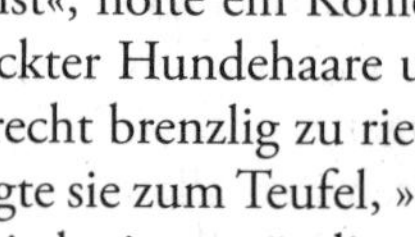

Der verrostete Ritter

Ein sehr reicher und vornehmer Ritter lebte in Saus und Braus und war stolz und hart gegen die Armen. Deshalb ließ ihn Gott zur Strafe auf der einen Seite verrosten. Der linke Arm verrostete und das linke Bein; ebenso der Leib bis zur Mitte. Nur das Gesicht blieb frei. Da zog der Ritter an die linke Hand einen Handschuh, ließ ihn sich am Handgelenk fest zunähen und legte ihn Tag und Nacht nicht ab, damit niemand sähe, wie sehr er verrostet sei. Darauf ging er in sich und versuchte einen neuen Lebenswandel anzufangen. Er entließ seine alten Freunde und Zechgenossen und nahm sich eine schöne und fromme Frau. Diesselbe hatte wohl manches Schlimme von dem Ritter gehört, aber weil sein Gesicht gut geblieben war, glaubte sie es, wenn sie allein war und darüber nachdachte, nur halb, und wenn er bei ihr war und freundlich mit ihr sprach, gar nicht. Darum nahm sie ihn doch. Nach der Hochzeit aber, in der ersten Nacht, merkte sie es, warum er niemals den Handschuh von der linken Hand abzog, und erschrak heftig. Sie ließ sich jedoch nichts merken, sondern sagte am andern Morgen zu ihrem Manne, sie wolle in den Wald gehen, um in einer kleinen Kapelle, die dort stand, zu beten. Neben der Kapelle aber befand sich eine Klause, in der lebte ein alter Eremit, der hatte früher lange in Jerusalem gelebt und war so heilig, daß die Leute von weit und breit zu ihm wallfahrteten. Den gedachte sie um Rat zu fragen.

Als sie nun dem Eremiten alles erzählt hatte, ging er in die Kapelle, betete dort lange zur Jungfrau Maria und sagte dann, als er wieder herauskam: »Du kannst deinen Mann noch erlösen, aber es ist schwer. Fängst du es an und bringst es nicht zu Ende, so mußt du selbst auch verrosten. Viel Unrecht hat dein Mann sein Lebtag getan, und stolz und hart gegen die Armen ist er gewesen: willst du für ihn betteln gehen, barfuß und in Lumpen wie das allerärmste Bettlerweib, so lange, bis du hundert Goldgulden erbettelt hast, so ist dein Mann erlöst. Dann nimm ihn an der Hand, gehe mit ihm in die Kirche und lege die hundert Goldgulden in das Kirchbecken für die Armen. Wenn du das tust, so wird Gott deinem Manne seine Sünden vergeben, der Rost wird abgehen, und er wird wieder so weiß werden wie zuvor.«

»Das will ich tun«, sagte die Ritterfrau, »und wenn es mir noch so schwer werden wird und es noch so lange dauert. Ich will meinen Mann erlösen, denn er ist nur auswendig verrostet, das glaube ich ganz sicher!«

Darauf ging sie fort, tief in den Wald hinein, und nicht lange, so begegnete ihr ein altes Mütterchen, welches Reisig suchte. Es hatte einen zerlumpten, schmutzigen Rock an und darüber einen Mantel, der war aus ebenso vielen Flecken zusammengesetzt wie weiland das Heilige Römische Reich; was aber die Flicken früher für eine Farbe gehabt, das konnte man kaum mehr sehen, denn Regen und Sonnenschein hatten schon viel Arbeit mit dem Mantel gehabt.

»Willst du mir deinen Rock und deinen Mantel geben, alte Mutter«, sagte die Ritterfrau, »so schenk ich dir alles Geld, was ich in der Tasche habe, und meine seidnen Kleider noch dazu; denn ich möchte gern arm sein.«

Da sah die alte Frau sie verwundert an und sprach: »Will's schon tun, will's schon tun, mein blankes Töchterchen, wenn's dein Ernst ist. Hab' schon viel gesehen auf der Welt, auch viele Leute gefunden, die gern reich werden wollten, daß aber jemand gern arm werden will, das ist mir noch nicht vorgekommen. Wird dir schlecht schmecken mit deinen seidenen Händchen und deinem süßen Frätzchen!«

Aber die Ritterfrau hatte schon begonnen sich auszuziehen und sah dabei so ernst und so traurig aus, daß die Alte wohl merkte, daß sie keinen Scherz treibe. Sie reichte ihr also Rock und Mantel hin, half ihr sie anlegen und fragte dann:

»Was willst du nun tun, mein blankes Töchterchen?«

»Betteln, Mutter!« antwortete die Ritterfrau.

»Betteln? Nun, gräme dich nicht darum, das ist keine Schande. An der Himmelstür wird's auch mancher tun müssen, der's hier unten nicht gelernt hat. – Aber das Bettellied will ich dich erst noch lehren:

Betteln und lungern,
Dursten und hungern
Immerdar, allezeit
Müssen wir Bettelleut'!
Habt ihr was, schenkt mir was,
Ach, nur ein Häppchen!
Brot in den Bettelsack,
Suppe ins Näpfchen! –
Lederne Ranzen,
Röcke mit Fransen
Tragen wir Bettelleut'!
– Was man erbettelt hat,
Wird verjuchheit!

Nicht wahr, ein hübsches Lied?« sagte die Alte. Damit warf sie sich die seidnen Kleider um, sprang in den Busch und war bald verschwunden.

Die Ritterfrau aber wanderte durch den Wald, und nach einiger Zeit begegnete ihr ein Bauer, der war ausgegangen, eine Magd zu suchen, denn es war um die Ernte und Leutenot. Da blieb die Ritterfrau stehen, hielt die Hand hin und sagte: »Habt ihr was, schenkt mir was, ach, nur ein Häppchen!« Aber die anderen Verse sagte sie nicht, weil sie ihr nicht gefielen. Der Bauer sah sich die Frau an, und da er fand, daß sie trotz ihrer Lumpen schmuck und gesund war, fragte er sie, ob sie nicht bei ihm Magd werden wolle.

»Ich schenke dir zu Ostern einen Kuchen, zu Martini eine Gans und zu Weihnachten einen Taler und ein neues Kleid. Bist du damit zufrieden?«

»Nein«, erwiderte die Ritterfrau, »ich muß betteln gehen, der liebe Gott will es so haben.«

Darüber wurde der Bauer zornig, schimpfte und schmähte und sagte höhnisch:

»Der liebe Gott will's so haben? He? Du hast wohl mit ihm zu Mittag gegessen? Was? Linsen mit Bratwürsten, nicht wahr? Oder bist du vielleicht seine Muhme, daß du so genau weißt, was er will? Eine faule Haut bist du. Gut für den Knüttel, zu schlecht für den Büttel!« Darauf ging er seiner Wege, ließ sie stehen und gab ihr nichts. Da merkte die Ritterfrau wohl, daß das Betteln schwer sei.

Sie ging jedoch weiter, und nach abermals einiger Zeit kam sie an eine Stelle, wo die Straße sich teilte und zwei Steine standen.

Auf dem einen saß ein Bettler mit einer Krücke. Da sie nun müde geworden war, gedachte sie sich eine kurze Zeit auf den leeren Stein zu setzen, um auszuruhen. Kaum hatte sie jedoch dies getan, als der Bettler mit der Krücke nach ihr schlug und ihr zurief:

»Mach, daß du fortkommst, du liederliche Liese! Willst du mir mit deinen Lumpen und deinem zuckersüßen Gesicht die Kundschaft abzwicken? Die Ecke hier habe ich gepachtet. Mach flink, sonst sollst du sehen, was mein Krückholz für ein schöner Fiedebogen ist und dein Rücken für eine närrische Geige!«

Da seufzte die Ritterfrau, stand auf und ging so weit, als sie die Füße tragen wollten. Endlich kam sie in eine große fremde Stadt. Hier blieb sie, setzte sich an den Kirchweg und bettelte; und nachts schlief sie auf den Kirchenstufen. So lebte sie tagaus, tagein, und es schenkte ihr der eine einen Pfennig und der andere einen Heller; manche aber auch gaben ihr nichts oder schimpften gar, wie es der Bauer getan hatte. Es ging aber sehr langsam mit den hundert Goldgulden. Denn als sie drei Vierteljahre gebettelt hatte, hatte sie erst einen Gulden erspart. Und genau wie der erste Gulden voll war, gebar sie einen wunderschönen Knaben, den nannte sie »Docherlöst«, weil sie hoffte, daß sie ihren Mann doch noch erlösen würde. Sie riß sich von ihrem Mantel unten einen Streifen ab, eine gute Elle breit, so daß der Mantel nur noch bis an die Knie reichte, wickelte das Kind hinein, nahm es auf den Schoß und bettelte weiter. Und wenn das Kind nicht schlafen wollte, wiegte sie es und sang:

»Schlaf ein auf meinem Schoße,
Du armes Bettelkind,
Dein Vater wohnt im Schlosse –
Und draußen weht der Wind.
Er geht in Samt und Seide,
Trinkt Wein, ißt weißes Brot,
Und säh er so uns beide,
So härmt er sich zu Tod.
Er braucht sich nicht zu härmen,
Du liegst ja weich und warm;
Er ist ja noch viel ärmer,
Daß Gott sich sein erbarm!«

Da blieben oft die Leute stehen und besahen sich die arme junge Bettelfrau mit dem wunderschönen Kinde und schenkten ihr mehr als früher. Sie aber war getrost und weinte nicht mehr, denn sie wußte, daß sie ihren Mann gewiß erlösen würde, wenn sie nur ausharrte. –

Als aber die Frau nicht wieder zurückkehrte, ward der Ritter auf seinem Schlosse tief betrübt, denn er sagte sich: Sie hat alles gemerkt und dich deshalb verlassen. Er ging zuerst in den Wald zu dem Eremiten, um zu hören, ob sie in der Kapelle gewesen sei und dort gebetet habe. Aber der Eremit war sehr kurz angebunden und streng gegen ihn und sagte:

»Hast du nicht in Saus und Braus gelebt? Bist du nicht stolz und hart gegen die Armen gewesen? Hat dich nicht der liebe Gott zur Strafe verrosten lassen? Deine Frau hat ganz recht getan, wenn sie dich verließ. Man muß nicht einen guten und einen faulen Apfel in einen Kasten legen, sonst wird der gute auch faul!«

Da setzte sich der Ritter auf die Erde, nahm den Helm ab und weinte bitterlich.

Als der Eremit dies gewahr wurde, ward er freundlicher und sprach: »Da ich sehe, daß dein Herz noch nicht mitverrostet ist, so will ich dir raten: tue Gutes und gehe in alle Kirchen, so wirst du deine Frau wiederfinden.«

Da verließ der Ritter sein Schloß und ritt in alle Welt. Wo er Arme fand, schenkte er ihnen etwas, und wenn er eine Kirche sah, ging er hinein und betete. Aber seine Frau fand er nicht. So war fast ein Jahr vergangen, da kam er auch in die Stadt, wo seine Frau am Kirchweg saß und bettelte, und sein erster Weg war in die Kirche. Schon von weitem erkannte ihn die Frau, denn er war groß und stattlich und trug einen goldnen Helm mit einer Geierklaue auf dem Knauf, der weithin leuchtete. Da erschrak sie, denn sie hatte erst zwei Goldgulden zusammen, so daß sie ihn noch nicht erlösen konnte. Sie zog sich den Mantel tief über den Kopf, damit er sie nicht erkennen sollte, und kauerte sich so eng zusammen, als sie irgend konnte, damit er nicht ihre schneeweißen Füße sähe; denn der Mantel ging ihr nur bis an die Knie, seit sie den Streifen für das Kind abgerissen hatte. Als aber der Ritter an ihr vorbeischritt, hörte er sie leise schluchzen, und als er ihren zerlumpten und geflickten Mantel sah und das wunderschöne Kind auf ihrem Schoß, welches ebenfalls nur in Lumpen gewickelt war, tat es ihm in der Seele weh. Er trat an sie heran und

fragte sie, was ihr fehle. Doch die Frau antwortete nicht und schluchzte nur noch mehr, so sehr sie sich auch Mühe gab, es zu verbeißen. Da zog der Ritter seine Geldtasche hervor, in der viel mehr waren als hundert Goldgulden, legte sie ihr auf den Schoß und sagte: »Ich gebe dir alles, was ich noch habe, und sollte ich mich nach Hause betteln.«

Da fiel der Frau, ohne daß sie es wollte, der Mantel vom Kopf herunter, und der Ritter sah, daß es sein eigenes, angetrautes Eheweib war, der er das Geld geschenkt hatte. Trotz der Lumpen fiel er ihr um den Hals und küßte sie, und als er vernahm, daß das Kind sein Sohn war, herzte und küßte er es auch. Doch die Frau nahm ihren Mann, den Ritter, an der Hand, führte ihn in die Kirche und legte das Geld auf das Kirchbecken. Dann sagte sie: »Ich wollte dich erlösen, aber du hast dich selbst erlöst.«

Und so war es auch; denn als der Ritter aus der Kirche trat, war der Fluch gehoben und der Rost, der seine ganze linke Seite bedeckte, verschwunden. Er hob seine Frau mit dem Kinde auf sein Pferd, ging selbst zu Fuß daneben und zog mit ihr zurück in sein Schloß, wo er lange Jahre glücklich mit ihr lebte und so viel Gutes tat, daß ihn alle Leute lobten.

Die Bettlerlumpen aber, die seine Frau getragen hatte, hing er in einen kostbaren Schrein, und jeden Morgen, wenn er aufgestanden war, ging er an den Schrein, besah sich die Lumpen und sagte: »Das ist meine Morgenandacht, die nimmt mir der liebe Gott nicht übel, denn er weiß, wie ich's meine, und ich gehe nachher doch noch in die Kirche.«

Von der Königin, die keine Pfeffernüsse backen, und dem König, der nicht das Brummeisen spielen konnte

Der König von Makronien, der sich schon seit einiger Zeit gerade in seinen besten Jahren befand, war eben aufgestanden und saß unangezogen auf dem Stuhl neben dem Bett. Vor ihm stand sein Hausminister und hielt ihm die Strümpfe hin, von denen der eine ein großes Loch an der Ferse hatte. Aber obwohl er den Strumpf mit großer Sorgfalt so gedreht hatte, daß der König das Loch nicht merken sollte, und obschon der König sonst mehr auf hübsche Stiefel als auf ganze Strümpfe zu achten pflegte, war das Loch dem königlichen Scharfblicke diesmal doch nicht entgangen. Entsetzt nahm er dem Minister den Strumpf aus der Hand, fuhr mit dem Zeigefinger durch das Loch, so daß er bis zum Knöchel herausguckte, und sagte dann seufzend:

»Was hilft mir's, daß ich König bin, wenn ich keine Königin habe! Was meinst du, wenn ich mir eine Frau nähme?«

»Majestät«, antwortete der Minister, »das ist ein sublimer Gedanke; ein Gedanke, der gewiß auch mir ganz untertänigt aufgestiegen wäre, wenn ich nicht gefühlt hätte, daß ihn Ew. Majestät jedenfalls heute selbst noch zu äußern geruhen würden!«

»Schön!« erwiderte der König, »aber glaubst du, daß ich so leicht eine Frau finden werde, die für mich paßt?«

»Pah!« sagte der Minister. »Zehn für eine!«

»Vergiß nicht, daß ich große Ansprüche mache. Wenn mir eine Prinzessin gefallen soll, muß sie klug und schön sein! Und dann ist noch ein Punkt, auf den ich ganz besonderes Gewicht lege: du weißt, wie gern ich Pfeffernüsse esse. In meinem ganzen Reiche ist kein einziger Mensch, der sie zu backen versteht, wenigstens richtig zu backen, nicht zu hart und nicht zu weich, sondern gerade knusprig: sie muß durchaus Pfeffernüsse backen können!«

Als der Minister dies hörte, bekam er einen heftigen Schreck. Doch sammelte er sich rasch wieder und entgegnete: »Ein König wie Ew. Majestät werden ohne Zweifel auch eine Prinzessin finden, die Pfeffernüsse zu backen versteht.«

»Nun, dann wollen wir uns zusammen umsehen!« versetzte der König; und noch am demselben Tage begann er in Begleitung des Ministers die Rundreise zu denjenigen seiner verschiedenen Nachbarn, von denen er wußte, daß sie Prinzessinnen zu vergeben hatten. Aber es fanden sich nur drei Prinzessinnen, die gleichzeitig so schön und klug waren, daß sie dem König gefielen, und von diesen konnte keine Pfeffernüsse backen.

»Pfeffernüsse kann ich freilich nicht backen«, sagte die erste Prinzessin, als der König sie danach fragte, »aber hübsche kleine Mandelkuchen. Bist du damit nicht zufrieden?« – »Nein!« erwiderte der König, »es müssen partout Pfeffernüsse sein!«

Die zweite Prinzessin, als er die nämliche Frage an sie richtete, schnalzte mit der Zunge und sagte ärgerlich: »Laßt mich mit Euren Albernheiten zufrieden! Prinzessinnen, welche Pfeffernüsse backen können, gibt es nicht.«

Am schlimmsten aber ging es dem König bei der dritten, obwohl sie die schönste und klügste war. Denn sie ließ ihn gar nicht bis zu seiner Frage kommen, sondern ehe er sie noch hatte tun können, fragte sie selbst, ob er auch wohl das Brummeisen zu spielen verstünde? Und als er dies verneinte, gab sie ihm einen Korb und meinte, es tue ihr herzlich leid. Er gefalle ihr sonst ganz gut; aber sie höre das Brummeisen für ihr Leben gern und habe sich vorgenommen, keinen Mann zu nehmen, der es nicht spielen könne.

Da fuhr der König mit dem Minister wieder nach Haus, und als er aus dem Wagen stieg, sagte er recht niedergeschlagen: »Das wäre also nichts gewesen!«

Aber ein König muß durchaus eine Königin haben, und nach längerer Zeit ließ er daher den Minister noch einmal zu sich kommen und eröffnete ihm, er habe es aufgegeben, eine Frau zu finden, die Pfeffernüsse backen könne, und beschlossen, die Prinzessin zu heiraten, welche sie damals zuerst besucht hätten. »Es ist die, welche die kleinen Mandelkuchen zu backen versteht«, fügte er hinzu. »Gehe hin und frage, ob sie meine Frau werden will.«

Am nächsten Tag kam der Minister zurück und erzählte, daß die Prinzessin nicht mehr zu haben sei. Sie hätte den König aus dem Lande, wo die Kapern wachsen, geheiratet.

»Nun, dann gehe zur zweiten Prinzessin!« Allein der Minister kam auch dieses Mal wieder unverichteterdinge zu Hause: Der alte König habe gesagt, er bedaure unendlich, aber seine Tochter sei leider gestorben, und so könne er sie ihm nicht geben.

Da besann sich der König lange; weil er aber durchaus eine Königin haben wollte, so befahl er dem Minister, er solle doch auch noch einmal zur dritten Prinzessin gehen, vielleicht habe sie sich inzwischen anders besonnen. Und der Minister mußte gehorchen, obgleich er sehr wenig Lust verspürte und obschon ihm auch seine Frau sagte, daß es gewiß recht unnütz wäre. Der König aber wartete ängstlich auf seine Rückkunft. Denn er gedachte der Frage wegen des Brummeisens, und die Erinnerung daran war ihm ärgerlich.

Die dritte Prinzessin jedoch empfing den Minister sehr freundlich und sagte zu ihm, eigentlich hätte sie sich ganz bestimmt vorgenommen, nur einen Mann zu nehmen, der das Brummeisen zu spielen verstünde. Aber Träume seien Schäume, und besonders Jugendträume! Sie sähe ein, daß sich ihr Wunsch nicht erfüllen ließe, und da der König ihr sonst sehr gut gefalle, so wolle sie ihn schon zum Manne nehmen.

Da fuhr der Minister zurück, was die Pferde jagen wollten, und der König umarmte ihn und gab ihm den großen Schranzenorden mit Brettern, den Orden am Hals und die Bretter noch höher zu tragen. Bunte Fahnen wurden in der Stadt ausgehangen, Girlanden von einem Haus zum andern quer über die Straßen gezogen und die Hochzeit so herrlich gefeiert, daß die Leute vierzehn Tage von weiter nichts sprachen.

Der König und die junge Königin aber lebten in Lust und Freude ein ganzes Jahr lang. Der König hatte die Pfeffernüsse und die Königin das Brummeisen gänzlich vergessen.

Eines Tages jedoch stand der König früh mit dem falschen Beine zuerst aus dem Bette auf, und alles ging verkehrt. Es regnete den ganzen Tag; der Reichsapfel fiel hin, und das kleine Kreuz, das oben drauf ist, brach ab; dann kam der Hofmaler und brachte die neue Karte vom Königreiche, und als der König sie besah, war das Land rot angestrichen statt blau, wie er befohlen; und endlich, die Königin hatte Kopfschmerzen.

Da geschah es, daß das Ehepaar sich zum ersten Male zankte; warum, wußten sie am nächsten Morgen selbst nicht mehr, oder wenn sie es wußten, wollten sie es wenigstens nicht sagen. Kurz, der König war brummig und die Königin schnippisch und behielt stets das letzte Wort. Nachdem sie sich beide lange Zeit hin und her gestritten, zuckte die Königin endlich verächtlich mit den Achseln und sagte:

»Ich dächte, du wärest nun endlich still und hörtest auf, alles zu tadeln, was dir vor die Augen kommt! Du selbst kannst ja nicht einmal das Brummeisen spielen.«

Aber kaum war ihr dies entschlüpft, als der König ihr schon ins Wort fiel und giftig antwortete: »Und du kannst nicht einmal Pfeffernüsse backen!«

Da blieb die Königin zum ersten Male die Antwort schuldig und wurde ganz still, und beide gingen, ohne weiter ein Wort zu wechseln, auseinander, jedes in seine Stube. Hier setzte sich die Königin in die Sofaecke und weinte und dachte: Was du doch für eine törichte Frau bist! Wo hast du nur deinen Verstand gehabt? Dümmer hättest du es gar nicht anfangen können!

Der König aber ging in seinem Zimmer auf und ab, rieb sich die Hände und sagte: »Es ist doch ein wahres Glück, daß meine Frau keine Pfeffernüsse backen kann! Was hätte ich sonst erwidern sollen, als sie mir vorwarf, daß ich das Brummeisen nicht zu spielen verstünde?!«

Nachdem er dies wenigstens drei- oder viermal wiederholt hatte, wurde er immer vergnügter. Er fing an, seine Lieblingsmelodie zu pfeifen, besah sich dann das große Bild der Königin, welches in seinem Zimmer hing, stieg auf einen Stuhl, um mit dem Taschentuch einen Spinnenfaden abzuwischen, der der Königin gerade über die Nase herabhing, und sagte endlich:

»Sie hat sich gewiß recht geärgert, die gute kleine Frau! Ich werde einmal sehen, was sie macht!«

Darauf ging er zur Tür hinaus auf den langen Gang, auf welchen alle Zimmer mündeten. Weil aber an diesem Tage alles verkehrt ging, so hatte der Kammerdiener vergessen, die Lampen anzuzünden, obgleich es schon acht Uhr abends und stockdunkel war.

Daher streckte der König die Hände vor sich, um sich nicht zu stoßen, und tappte vorsichtig an der Wand hin. Plötzlich fühlte er etwas Weiches.

»Wer ist da?« fragte er.

»Ich bin es«, antwortete die Königin.

»Was suchst du, mein Schatz?«

»Ich wollte dich um Verzeihung bitten«, erwiderte die Königin, »weil ich dich so gekränkt habe.«

»Das brauchst du gar nicht!« sagte der König und fiel ihr um den Hals. »Ich habe mehr Schuld als du und längst alles vergessen. Aber, weißt du, zwei Worte wollen wir in unserem Königreiche bei Todesstrafe verbieten lassen, Brummeisen und –«

»Und Pfeffernüsse«, fiel die Königin lachend ein, indem sie sich heimlich noch ein paar Tränen aus den Augen wischte – und damit hat die Geschichte ein Ende.

Der Wunschring

Ein junger Bauer, mit dem es in der Wirtschaft nicht recht vorwärtsgehen wollte, saß auf seinem Pfluge und ruhte einen Augenblick aus, um sich den Schweiß vom Angesichte zu wischen. Da kam eine alte Hexe vorbeigeschlichen und rief ihm zu: »Was plagst du dich und bringst's doch zu nichts? Geh zwei Tage lang geradeaus, bis du an eine große Tanne kommst, die frei im Walde steht und alle anderen Bäume überragt. Wenn du sie umschlägst, ist dein Glück gemacht.«

Der Bauer ließ sich das nicht zweimal sagen, nahm sein Beil und machte sich auf den Weg. Nach zwei Tagen fand er die Tanne. Er ging sofort daran, sie zu fällen, und in dem Augenblicke, wo sie umstürzte und mit Gewalt auf den Boden schlug, fiel aus ihrem höchsten Wipfel ein Nest mit zwei Eiern heraus. Die Eier rollten auf den Boden und zerbrachen, und wie sie zerbrachen, kam aus dem einen Ei ein junger Adler heraus, und aus dem anderen fiel ein kleiner goldener Ring. Der Adler wuchs zusehends, bis er wohl halbe Manneshöhe hatte, schüttelte seine Flügel, als wollte er sie probieren, erhob sich etwas über die Erde und rief dann:

»Du hast mich erlöst! Nimm zum Dank den Ring, der in dem anderen Ei gewesen ist! Es ist ein Wunschring. Wenn du ihn am Finger umdrehst und dabei einen Wunsch aussprichst, wird er alsbald in Erfüllung gehen. Aber es ist nur ein einziger Wunsch im Ring. Ist der getan, so hat der Ring alle weitere Kraft verloren und ist nur wie ein gewöhnlicher Ring. Darum überlege dir wohl, was du dir wünschst, auf daß es dich nicht nachher gereue.«

Darauf hob sich der Adler hoch in die Luft, schwebte lange noch in großen Kreisen über dem Haupte des Bauern und schoß dann wie ein Pfeil nach Morgen.

Der Bauer nahm den Ring, steckte ihn an den Finger und begab sich auf den Heimweg. Als es Abend war, langte er in einer Stadt an; da stand der Goldschmied im Laden und hatte viele köstliche Ringe feil. Da zeigte ihm der Bauer seinen Ring und fragte ihn, was er wohl wert wäre. »Einen Pappenstiel!« versetzte der Goldschmied. Da lachte der Bauer laut auf und erzählte ihm, daß es ein Wunschring sei und mehr wert als alle Ringe zusammen, die jener feilhielte. Doch der Goldschmied war ein falscher, ränkevoller Mann. Er lud den Bauer ein, über Nacht bei ihm zu bleiben, und sagte: »Einen Mann, wie dich, mit solchem Kleinode zu beherbergen, bringt Glück; bleibe bei mir!« Er bewirtete ihn aufs schönste mit Wein und glatten Worten, und als er nachts schlief, zog er ihm unbemerkt den Ring vom Finger und steckte ihm statt dessen einen ganz gleichen, gewöhnlichen Ring an.

Am nächsten Morgen konnte es der Goldschmied kaum erwarten, daß der Bauer aufbräche. Er weckte ihn schon in der frühesten Morgenstunde und sprach: »Du hast noch einen weiten Weg vor dir. Es ist besser, wenn du dich früh aufmachst.«

Sobald der Bauer fort war, ging er eiligst in seine Stube, schloß die Läden, damit niemand etwas sähe, riegelte dann auch noch die Tür hinter sich zu, stellte sich mitten in die Stube, drehte den Ring um und rief: »Ich will gleich hunderttausend Taler haben.«

Kaum hatte er dies gesprochen, so fing es an, Taler zu regnen, harte, blanke Taler, als wenn es mit Mulden gösse, und die Taler schlugen ihm auf den Kopf, Schultern und Arme. Er fing an, kläglich zu schreien, und wollte zur Türe springen, doch ehe er sie erreichen und aufriegeln konnte, stürzte er, am ganzen Leibe blutend, zu Boden. Aber das Talerregnen nahm kein Ende, und bald brach von der Last die Diele zusammen, und der Goldschmied mitsamt dem Gelde stürzte in den tiefen Keller. Darauf regnete es immer weiter, bis die hunderttausend voll waren, und zuletzt lag der Goldschmied tot im Keller und auf ihm das viele Geld. Von dem Lärm kamen die Nachbarn herbeigeeilt, und als sie den Goldschmied tot unter dem Gelde liegen fanden, sprachen sie: »Es ist doch ein großes Unglück, wenn der Segen so knüppeldick kommt.« Darauf kamen auch die Erben und teilten.

Unterdes ging der Bauer vergnügt nach Hause und zeigte seiner Frau den Ring. »Nun kann es uns gar nicht fehlen, liebe Frau«, sagte er. »Unser Glück ist gemacht. Wir wollen uns nur recht überlegen, was wir uns wünschen wollen.«

Doch die Frau wußte gleich guten Rat. »Was meinst du«, sagte sie, »wenn wir uns noch etwas Acker wünschten? Wir haben gar so wenig. Da reicht so ein Zwickel gerade zwischen unsere Äcker hinein; den wollen wir uns wünschen.«

»Das wäre der Mühe wert«, erwiderte der Mann. »Wenn wir ein Jahr lang tüchtig arbeiten und etwas Glück haben, könnten wir ihn uns vielleicht kaufen.« Darauf arbeiteten Mann und Frau ein Jahr lang mit aller Anstrengung, und bei der Ernte hatte es noch nie so geschüttet wie dieses Mal, so daß sie den Zwickel kaufen konnten und noch ein Stück Geld übrigblieb. »Siehst du!« sagte der Mann, »wir haben den Zwickel, und der Wunsch ist immer noch frei.«

Da meinte die Frau, es wäre wohl gut, wenn sie sich noch eine Kuh wünschten und ein Pferd dazu. »Frau«, entgegnete abermals der Mann, indem er mit dem übriggebliebenen Gelde in der Hosentasche klapperte, »was wollen wir wegen solch einer Lumperei unsern Wunsch vergeben. Die Kuh und das Pferd kriegen wir auch so.«

Und richtig, nach abermals einem Jahr waren die Kuh und das Pferd reichliche verdient. Da rieb sich der Mann vergnügt die Hände und sagte: »Wieder ein Jahr den Wunsch gespart und doch alles bekommen, was man sich wünschte. Was wir für ein Glück haben!« Doch die Frau redete ihrem Manne ernsthaft zu, endlich einmal an den Wunsch zu gehen.

»Ich kenne dich gar nicht wieder«, versetzte sie ärgerlich. »Früher hast du immer geklagt und gebarmt und dir alles mögliche gewünscht, und jetzt, wo du's haben kannst, wie du's willst, plagst und schindest du dich, bist mit allem zufrieden und läßt die schönsten Jahre vergehen. König, Kaiser, Graf, ein großer, dicker Bauer könntest du sein, alle Truhen voll Geld haben – und kannst dich nicht entschließen, was du wählen willst.«

»Laß doch dein ewiges Drängen und Treiben«, erwiderte der Bauer. »Wir sind beide noch jung, und das Leben ist lang. Ein Wunsch ist nur in dem Ringe, und der ist bald vertan. Wer weiß, was uns noch einmal zustößt, wo wir den Ring brauchen. Fehlt es uns denn an etwas? Sind wir nicht, seit wir den Ring haben, schon so heraufgekommen, daß sich alle Welt wundert? Also sei verständig. Du kannst dir ja mittlerweile immer überlegen, was wir uns wünschen könnten.«

Damit hatte die Sache vorläufig ein Ende. Und es war wirklich so, als wenn mit dem Ringe der volle Segen ins Haus gekommen wäre, denn Scheuern und Kammern wurden von Jahr zu Jahr voller und voller, und nach einer längeren Reihe von Jahren war aus dem kleinen, armen Bauer ein großer, dicker Bauer geworden, der den Tag über mit den Knechten schaffte und arbeitete, als wollte er die ganze Welt verdienen, nach dem Vesper aber behäbig und zufrieden vor der Haustüre saß und sich von den Leuten guten Abend wünschen ließ.

So verging Jahr um Jahr. Dann und wann, wenn sie ganz allein waren und niemand es hörte, erinnerte zwar die Frau ihren Mann immer noch an den Ring und machte ihm allerhand Vorschläge. Da er aber jedesmal erwiderte, es habe noch vollauf Zeit, und das Beste falle einem stets zuletzt ein, so tat sie es immer seltener, und zuletzt kam es kaum noch vor, daß auch nur von dem Ring gesprochen wurde. Zwar der Bauer selbst drehte den Ring täglich wohl zwanzigmal am Finger um und besah ihn sich, aber er hütete sich, einen Wunsch dabei auszusprechen.

Und dreißig und vierzig Jahre vergingen, und der Bauer und seine Frau waren alt und schneeweiß geworden, der Wunsch aber war immer noch nicht getan. Da erwies ihnen Gott eine Gnade und ließ sie beide in einer Nacht selig sterben.

Kinder und Kindeskinder standen um ihre beiden Särge und weinten, und als eines von ihnen den Ring abziehen und aufheben wollte, sagte der älteste Sohn:

»Laß den Vater seinen Ring mit ins Grab nehmen. Er hat sein Lebtag seine Heimlichkeit mit ihm gehabt. Es ist wohl ein liebes Andenken. Und die Mutter besah sich den Ring auch so oft; am Ende hat sie ihn dem Vater in ihren jungen Tagen geschenkt.«

So wurde denn der alte Bauer mit dem Ringe begraben, der ein Wunschring sein sollte und keiner war, und doch so viel Glück ins Haus gebracht hatte, als ein Mensch sich nur wünschen kann. Denn es ist eine eigene Sache mit dem, was richtig und was falsch ist; und schlecht Ding in guter Hand ist immer noch viel mehr wert als gut Ding in schlechter.

Die drei Schwestern mit den gläsernen Herzen

Es gibt Menschen mit gläsernen Herzen. Wenn man leise daran rührt, klingen sie so fein wie silberne Glocken. Stößt man jedoch derb daran, so gehen sie entzwei.

Da war nun auch ein Königspaar, das besaß drei Töchter, und alle drei hatten gläserne Herzen. »Kinder«, sagte die Königin, »nehmt euch mit euren Herzen in acht, sie sind eine zerbrechliche Ware!« Und sie taten es auch.

Eins Tages jedoch lehnte sich die älteste Schwester zum Fenster hinaus über die Brüstung und sah hinab in den Garten, wie die Bienen und Schmetterlinge um die Levkojen flogen. Dabei drückte sie sich ihr Herz: kling! ging es, wie wenn etwas zerspringt, und sie fiel hin und war tot.

Wieder nach einiger Zeit trank die zweite Tochter eine Tasse zu heißen Kaffee. Da gab es abermals einen Klang, wie wenn ein Glas springt, nur etwas feiner wie das erstemal, und auch sie fiel um. Da hob sie ihre Mutter auf und besah sie, merkte aber bald zu ihrer Freude, daß sie nicht tot war, sondern daß ihr Herz nur einen Sprung bekommen hatte, jedoch noch hielt.

»Was sollen wir nun mit unserer Tochter anfangen?« ratschlagten der König und die Königin. »Sie hatte einen Sprung im Herzen, und wenn er auch nur fein ist, so wird es doch leicht ganz entzweigehen. Wir müssen sie sehr in acht nehmen.«

Aber die Prinzessin sagte: »Laßt mich nur! Manchmal hält das, was einen Sprung bekommen hat, nachher gerade noch recht lange!« –

Indessen war die jüngste Königstochter auch groß geworden und so schön, gut und verständig, daß von allen Seiten Königssöhne herbeiströmten und um sie freiten. Doch der alte König war durch Schaden klug geworden und sagte: »Ich habe nur noch eine ganze Tochter, und auch die hat ein gläsernes Herz. Soll ich sie jemandem geben, so muß es ein König sein, der zugleich Glaser ist und mit so zerbrechlicher Ware umzugehen versteht.« Allein es war unter den vielen Freiern nicht einer, der sich gleichzeitig auf die Glaserei gelegt hätte, und so mußten sie alle wieder abziehen. –

Da war nun unter den Edelknaben im Schloß des Königs einer, der war beinahe fertig. Wenn er noch dreimal der jüngsten Königstochter die Schleppe getragen hatte, so war er Edelmann. Dann gratulierte ihm der König und sagte ihm: »Du bist nun fertig und Edelmann. Ich danke dir. Du kannst gehen.«

Als er nun das erstemal der Prinzessin die Schleppe trug, sah er, daß sie einen ganz königlichen Gang hatte. Als er sie ihr das zweitemal trug, sagte die Prinzessin: »Laß einmal einen Augenblick die Schleppe los, gib mir deine Hand und führe mich die Treppe hinauf, aber fein zierlich, wie es sich für einen Edelknaben, der eine Königstochter führt, schickt.« Als er dies tat, sah er, daß sie auch eine ganz königliche Hand hatte. Sie aber merkte auch etwas; was es aber war, will ich erst nachher sagen. Endlich, als er ihr das drittemal die Schleppe trug, drehte sich die Königstochter um und sagte zu ihm: »Wie reizend du mir meine Schleppe trägst! So reizend hat sie mir noch keiner getragen.« Da merkte der Edelknabe, daß sie auch eine ganz königliche Sprache führte. Damit war er nun aber fertig und Edelmann. Der König dankte und gratulierte ihm und sagte, er könne nun gehen.

Als er ging, stand die Königstochter an der Gartentüre und sprach zu ihm: »Du hast mir so reizend die Schleppe getragen wie kein anderer. Wenn du doch Glaser und König wärst!«

Darauf antwortete er, er wolle sich alle Mühe geben, es zu werden; sie möge nur auf ihn warten, er käme gewiß wieder.

Er ging also zu einem Glaser und fragte ihn, ob er nicht einen Glaserjungen gebrauchen könne. »Jawohl«, erwiderte dieser, »aber du mußt vier Jahre bei mir lernen. Im ersten Jahr lernst du die Semmeln vom Bäcker holen und die Kinder waschen, kämmen und anziehen. Im zweiten lernst du die Ritzen mit Kitt verschmieren, im dritten Glas schneiden und einsetzen, und im vierten wirst du Meister.«

Darauf fragte er den Glaser, ob er nicht von hinten anfangen könne, weil es dann doch schneller ging. Indes der Glaser bedeutete ihm, daß ein ordentlicher Glaser immer von vorn anfangen müsse, sonst würde nichts Gescheites daraus.

Damit gab er sich zufrieden. Im ersten Jahre holte er also die Semmeln vom Bäcker, wusch und kämmte die Kinder und zog sie an. Im zweiten verschmierte er die Ritzen mit Kitt, im dritten lernte er Glas schneiden und einsetzen, und im vierten Jahre wurde er Meister. Darauf zog er sich wieder seine Edelmannskleider an, nahm Abschied von seinem Lehrherrn und überlegte sich, wie er es anfinge, um nun auch noch König zu werden.

Während er so auf der Straße, ganz in Gedanken versunken, einherging und aufs Pflaster sah, trat ein Mann an ihn heran und fragte, ob er etwas verloren habe, daß er immer so auf die Erde sähe. Da erwiderte er: verloren habe er zwar nichts, aber suchen täte er doch etwas, nämlich ein Königreich; und fragte ihn, ob er nicht wisse, was er zu beginnen habe, um König zu werden.

»Wenn du ein Glaser wärst«, sagte der Mann, »wüßte ich schon Rat.«

»Ich bin ja gerade ein Glaser!« antwortete er, »und eben fertig geworden!«

Als er dies gesagt, erzählte ihm der Mann die Geschichte von den drei Schwestern mit den gläsernen Herzen, und wie der alte König durchaus seine Tochter nur einem Glaser vermählen wolle. »Anfangs«, so sprach er, »war noch die Bedingung, daß der Glaser, der sie bekäme, auch noch ein König oder ein Königssohn sein müsse; weil sich aber keiner finden will, der alles beides ist, Glaser und König zugleich, so hat er etwas nachgegeben, wie es der Klügste immer tun muß, und zwei andere Bedingungen gestellt. Glaser muß er freilich immer noch sein, dabei bleibt es!«

»Welches sind denn die beiden Bedingungen?« fragte der junge Edelmann.

»Er muß der Prinzessin gefallen und Samtpatschen haben. Kommt nun ein Glaser, welcher der Prinzessin gefällt und auch Samtpatschen hat, so will ihm der König seine Tochter geben und ihn später, wenn er tot ist, zum König machen. Es sind nun auch schon eine Menge Glaser auf dem Schloß gewesen, aber der Prinzessin wollte keiner gefallen. Außerdem hatten sie auch alle keine Samtpatschen, sondern grobe Hände, wie das von gewöhnlichen Glasern nicht anders zu erwarten ist.«

Als dies der junge Edelmann vernommen, ging er in das Schloß, entdeckte sich dem König, erinnerte ihn daran, wie er bei ihm Edelknabe gewesen sei, und erzählte ihm, daß er seiner Tochter zuliebe Glaser geworden und sie nun gar gern heiraten und nach seinem Tode König werden wolle.

Da ließ der König die Prinzessin rufen und fragte sie, ob der junge Edelmann ihr gefiele, und als sie dies bejahte, weil sie ihn gleich erkannte, sagte er dann weiter, er solle nun auch seine Handschuhe ausziehen und zeigen, ob er auch Samtpatschen habe. Aber die Prinzessin meinte, dies sei unnötig, sie wisse es ganz genau, daß er wirklich Samtpatschen habe. Sie hätte es schon damals gemerkt, als er sie die Treppe hinaufgeführt hätte.

So waren denn beide Bedingungen erfüllt, und da die Prinzessin einen Glaser zum Mann bekam und noch dazu einen mit Samtpatschen, so nahm er ihr Herz sehr in acht, und es hielt bis an ihr seliges Ende.

Die zweite Schwester aber, welche schon den Sprung hatte, wurde die Tante, und zwar die allerbeste Tante der Welt. Dies versicherten nicht bloß die Kinder, welche der junge Edelmann und die Prinzessin zusammen bekamen, sondern auch alle anderen Leute. Die kleinen Prinzessinnen lehrte sie lesen, beten und Puppenkleider machen; den Prinzen aber besah sie die Zensuren. Wer eine gute Zensur hatte, wurde sehr gelobt und bekam etwas geschenkt; hatte aber einmal einer eine schlechte Zensur, dann gab sie ihm einen Katzenkopf und sprach: »Sage einmal, sauberer Prinz, was du dir eigentlich vorstellst? Was willst du später einmal werden? Heraus mit der Sprache! Nun, wird's bald?«

Und wenn er dann schnuckste und sagte: »Kö-Kö-Kö-König!« lachte sie und fragte: »König! Wohl König Midas? König Midas Hochgeboren mit zwei langen Eselsohren!« Dann schämte sich der, welcher die schlechte Zensur bekommen hatte, gewaltig.

Und auch diese zweite Prinzessin wurde steinalt, obwohl ihr Herz einen Sprung hatte. Wenn sich jemand darüber wunderte, sagte sie regelmäßig: »Was in der Jugend einen Sprung kriegt und geht nicht gleich entzwei, das hält nachher oft gerade noch recht lange.« –

Und das ist auch wahr. Denn meine Mutter hat auch so ein altes Sahnetöpfchen, weiß, mit kleinen bunten Blumensträußchen besät, das hat einen Sprung, solange ich denken kann, und hält immer noch; und seit es meine Mutter hat, sind schon so viele neue Sahnetöpfchen gekauft und immer wieder zerbrochen worden, daß man sie gar nicht zählen kann.

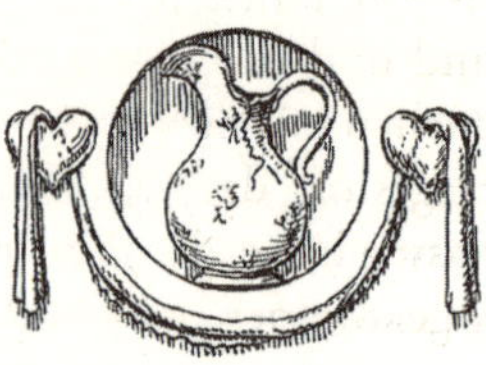

Eine Kindergeschichte

Der Kirchhof, auf dem die zwei kleinen Kinder spielten, von denen ich heute erzählen will, lag hoch oben auf dem grünen Bergeshange. Das Dörfchen, zu dem er gehörte, lag schon hoch genug über dem waldigen Tal, so daß die Wolken es oft verdeckten, wenn man unten auf dem blauen Flusse vorüberfuhr. Doch der Kirchhof lag noch höher über dem Dorf, so daß seine vielen schwarzen Kreuze recht in den blauen Himmel hineinragten. Es war ziemlich mühsam für die Leute, ihre Verstorbenen aus dem Dorfe nach dem Kirchhof zu tragen, denn der Weg war steil und steinig, bis man zu der grünen Matte kam, auf der der Kirchhof lag; doch sie taten es gern. Denn die Bergbewohner können es nicht im Tal aushalten; da wird es ihnen so dumpf und ängstlich zumut, wie uns in einem tiefen Keller – und ihre Toten noch weniger. Hoch oben auf dem Berge müssen sie begraben sein, so daß sie weit hinaus in das Land sehen können und hinunter ins Tal, wo die Schiffe fahren.

Ganz in der Ecke des Kirchhofes war ein verlassenes Grab. Es wuchs nur Gras auf ihm und in dem Grase ganz versteckt ein paar wilde weiße oder blaue Blümchen, die niemand gepflanzt hatte. Denn in dem Grabe lag ein alter Hagestolz, der weder Weib noch Kind noch sonst irgend jemand hinterlassen hatte, der sich um ihn bekümmerte. Aus fremdem Lande war er gekommen, woher, das wußte keiner. Er war jeden Morgen auf die Kuppe des Berges gestiegen und hatte dort stundenlang gesessen. Aber bald war er gestorben, und man hatte ihn begraben. Einen Namen hatte er ja sicher gehabt; wie er aber lautete, wußte ebenfalls niemand, nicht einmal der Totengräber. Im Kirchenbuche standen nur drei Kreuze und dahinter »ein alter fremder Hagestolz, gestorben am soundsovielten, im Jahre des Herrn soundso«. –

Das ist nun freilich sehr wenig; aber die zwei kleinen Kinder des Totengräbers, von denen ich eben erzählen wollte, hatten das alte, verlassene Grab in der Kirchhofsecke ganz besonders gern; denn es war ihnen erlaubt, auf ihm zu spielen und herumzutrampeln, soviel sie Lust hatten, während sie die anderen Gräber nicht anrühren durften. Diese waren alle sehr sorgfältig imstand gehalten; das Gras war frisch geschoren und dicht wie Samt, auch blühten allerhand Blumen auf ihnen, die der Totengräber täglich mit großer Sorgfalt begoß, wozu er sich das Wasser mühsam aus dem Dorfbrunnen heraufschleppen mußte. Auf vielen lagen auch Kränze und bunte Bänder.

»Trinchen«, sagte der kleine Knabe, der vor dem verlassenen Grabe kniete, indem er sich wohlgefällig das Loch besah, welches er in die Seitenwand des Grabes mit seinen kleinen Händen hineingegraben hatte, »Trinchen, unser Haus ist fertig. Ich habe es mit bunten Steinen ausgepflastert und Blumenblätter darauf gestreut. Ich bin der Vater und du bist die Mutter. – Guten Morgen, Mutter, was machen unsre Kinder?«

»Hans«, entgegnete die Kleine, »du mußt nicht so rasch spielen. Ich habe noch keine Kinder, aber ich werde gleich welche bekommen.« Darauf lief sie zwischen den Gräbern und Büschen umher und kam, beide Hände mit Schnecken gefüllt, wieder:

»Höre, Vater, ich habe schon sieben Kinder, sieben wunderschöne Schneckenkinder!«

»Dann wollen wir sie gleich zu Bett bringen, denn es ist schon spät.«

Sie pflückten grüne Blätter ab, legten sie in das Loch, die bunten Schneckenhäuser darauf, und deckten jedes wieder mit einem grünen Blatte zu.

»Jetzt sei einmal still, Hänschen«, rief das kleine Mädchen, »ich muß meine Kinder einsingen; das muß ich ganz allein machen. Der Vater singt nie mit. Du kannst unterdessen noch auf die Arbeit gehen.«

Und Hänschen lief fort, und Trinchen sang mit ganz feiner Stimme:

»Schlaft mir allzusammen ein,
Meine sieben Kinderlein
In euren weichen Betten.
Schlummert süß und schlafet aus,
Steckt mir keins die Beinchen 'raus
Unter eurer Decke!«

Aber das eine Blatt begann sich zu bewegen, und eine von den Schnecken steckte unter demselben ihren Kopf mit den feinen Hörnern hervor. Da tippte die Kleine sie mit dem Finger auf den Kopf und sagte: »Warte, Gustl, du bist immer die Unartigste! Heute früh hast du dich schon nicht wollen kämmen lassen. Willst du gleich wieder ins Bett!« Und sie sang noch einmal:

»Schlummert süß und schlafet aus,
Steckt mir keins die Beinchen 'raus
Unter eurer Decke!
Seid ihr dann geschlafen ein,
Fliegt ein Engel ins Zimmer 'rein,
Besieht sich alle sieben:
Deine Kinder sind alle weiß und rot,
Ein' schönen Gruß vom lieben Gott,
Ob sie auch fromm geblieben?
Meine Kinder sind alle fromm,
Sie woll'n gern in den Himmel komm'n,
Schön' Dank für Milch und Wecken.

Bring wieder einen Gruß nach Haus:
Es stecke auch keins die Beinchen 'raus
Mehr unter seiner Decke.«

Als sie ausgesungen hatte, waren die sieben Schnecken wirklich alle eingeschlafen, wenigstens lagen sie alle still, und da Hänschen immer noch nicht zurückkehrte, lief die Kleine noch einmal im Kirchhof umher und suchte neue Schnecken. Sie sammelte eine große Zahl in ihrer Schürze und kehrte mit ihnen zum Grabe zurück. Da saß Hänschen und wartete.

»Vater«, rief sie ihm entgegen, »ich habe noch hundert Kinder gekriegt!«

»Höre Frau«, erwiderte der Kleine, »hundert Kinder sind sehr viel. Wir haben bloß einen Puppenteller und zwei Puppengabeln. Womit sollen die Kinder essen? Hundert Kinder hat auch gar keine Mutter. Es gint auch nicht hundert Namen. Wie sollen wir unsere Kinder taufen? Trag sie wieder fort!«

»Nein, Hänschen«, sagte das kleine Mädchen, »hundert Kinder sind sehr hübsch. Ich brauche sie alle.« –

Indes kam die junge Frau des Totengräbers mit zwei großen Butterbroten, denn die Vesperstunde hatte geschlagen. Sie küßte die beiden Kinder, hob sie auf, setzte sie auf das Grab und sagte: »nehmt

eure neuen Schürzen hübsch in acht.« – Da saßen sie nun stumm wie die Spatzen und aßen. –

Aber der alte Hagestolz in seinem einsamen Grabe hatte alles vernommen; denn die Toten hören alles sehr genau, was man an ihrem Grabe spricht. Er dachte an die Zeit, wo er noch ein kleiner Knabe gewesen war. Da hatte er auch ein kleines Mädchen gekannt, und sie hatten zusammen gespielt, hatten Häuser gebaut und waren Mann und Frau gewesen. Und dann dachte er an die spätere Zeit, wo er das kleine Mädchen noch einmal gesehen hatte, wie es schon erwachsen war. Nachher hatte er nie wieder etwas von ihm gehört, denn er war seine eigenen Wege gegangen, und die mußten wohl nicht sehr schön gewesen sein, denn je mehr er daran dachte, und je mehr oben auf seinem Grabe die Kinder schwatzten, um so trauriger wurde er. Er fing an zu weinen und weinte immer mehr. Und als die Totengräberfrau die Kinder auf sein Grab setzte und sie ihm nun gerade auf der Brust saßen, weinte er noch viel mehr. er versuchte seine Arme auszustrecken, denn es war ihm so, als müsse er die Kinder an sein Herz drücken. Aber es ging nicht; denn auf ihm lagen sechs Fuß Erde, und sechs Fuß Erde wiegen schwer, sehr schwer. Da weinte er noch mehr; und er weinte immer noch, als die Totengräberfrau längst die Kinder geholt und zu Bett gebracht hatte.

Als aber der Totengräber am nächsten Morgen durch den Kirchhof ging, da war aus dem alten verlassenen Grabe eine Quelle entsprungen. Das waren die Tränen, die der alte Hagestolz geweint hatte. Sie rieselte hell aus dem Grabhügel hervor und kam gerade aus dem Loche, wo die beiden Kinder ihr kleines Häuschen hineingegraben hatten. Da freute sich der Totengräber, denn nun brauchte er das Wasser zum Begießen der Blumen nicht mehr aus dem Dorfe den steilen Weg hinaufzutragen. Er machte für die Quelle eine ordentliche Leitung und faßte sie mit großen Steinen ein. Von jetzt an begoß er mit dem Wasser der neuen Quelle alle Gräber auf dem Kirchhofe, und die Blumen auf ihnen blühten nun schöner wie je zuvor. Nur das Grab, worin der alte Hagestolz lag, begoß er nicht, denn es war ja ein altes, verlassenes Grab, nach dem niemand fragte. Trotzdem wuchsen aber auf ihm die wilden Bergblumen üppiger wie an jedem anderen Orte, und die beiden Kinder saßen oft an der Quelle, bauten Mühlen und ließen Papierkähnchen auf ihr schwimmen.

Sepp auf der Freite

Es ist heute Kirchweih«, sagte die alte Bauerfrau, die seit fünf Jahren gichtbrüchig im Bette lag, indem sie sich mühsam aufrichtete und mit ihren zitternden Händen ein großes Tuch um den Kopf band, welches sie so oft wieder abnahm und umband, bis vorn mitten auf der Stirn eine große Schleife stand, wie vier Windmühlenflügel; »es ist heute Kirchweih, Sepp, und du wirst heute abend wieder allein zu Tanze gehen, wie voriges Jahr und wie vorvoriges und wie immer. Hast du mir nicht bestimmt versprochen, dir in diesem Jahre eine Frau zu nehmen? Aber es wird wohl nichts werden, solange ich lebe, und nachher auch nichts. Wenn das dein Vater hätte erleben müssen! Willst du ein alter Hagestolz werden? Weißt du nicht, was die Mädchen singen?:

Klipper, klapper Hagestolz,
Geh in'n Wald und such dir Holz,
Dürres Holz im grünen Wald,
Denn es wird im Winter kalt
Jetzt ist's noch gelinder.
Ob's auch brennt und ob's nicht rußt,
Daß du nicht so frieren mußt
Frag die Bettelkinder!«

Da antwortete der Sohn kleinlaut, daß die Mädchen im Dorf ihm alle gleich gut gefielen und daß er nicht wisse, welches er erwählen solle. »So geh ins Dorf«, sagte die Mutter, »und achte genau darauf, was die Mädchen, von denen du glaubst, daß sie für dich passen, machen, und dann komm zurück und sag mir's.«

Und der Sepp ging.

»Nun«, rief die Mutter, als er wieder zurückkehrte, »wie war's? Wo bist du gewesen?«

»Zuerst bei der Ursel; kam eben aus der Kirche; hatte ein schönes Kleid an und neue Ohrringe.«

Da seufzte die Mutter und sagte: »Geht sie oft in die Kirche, wird sie den lieben Gott bald vergessen lernen. Der Müller hört die Mühle auch nicht klappern. Nichts für dich, mein Jung'. Wohin bist du nachher gegangen?«

»Zur Käth', Mutter.«

»Was tat sie?«

»Stand in der Küche und rückte an allen Töpfen und Tellern.«

»Wie sahen die Töpfe aus?«

»Schwarz.«

»Und die Finger?«

»Weiß.«

»Schlicker, Schlecker«, sagte darauf die Mutter:

»Schlicker, Schlecker!
Naschig und lecker!
Backt sich Kuchen und süßen Brei,
Vergißt die Kinder und 's Vieh dabei.
Laß sie laufen, Sepp!«

»Darauf bin ich zur Bärbel gegangen. Saß im Garten und machte drei Kränze. Einen von Veilchen, einen von Rosen, einen von Nelken. Fragte mich, welchen sie heute zur Kirchweih aufsetzen sollte.«

Da schwieg die Mutter eine Weile und sagte dann:

»Ein silbernes Herrchen
Und ein goldenes Närrchen,
Gibt 'ne kupferne Eh'

Und viel eisernes Weh!
Weiter, mein Jung'!«

»Zu viert bin ich zur Gret' gekommen. Stand vor der Haustüre an der Straße und gab den armen Leuten Butterbrote.«

Da schüttelte die Mutter den Kopf und sagte: »Tut sie heut etwas, was alle Leute sehen sollen, tut sie ein anderes Mal wohl etwas, was keiner sehen soll. Steht sie am Tage vor der Haustür, hat sie wohl am Abend auch schon dahinter gestanden. Wenn der Herr mittags aufs Feld kommt, während die Leute essen, springen nur die faulen Knechte auf, um zu mähen; die fleißigen bleiben sitzen. Bleib lieber ledig, Sepp, eh' du die nimmst! – Bist du nicht weiter gekommen?«

»Zuletzt bin ich noch zur Anne gegangen.«

»Was tat sie?«

»Gar nichts, Mutter!«

»Sie wird doch irgend etwas getan haben?« fragte die alte Bauerfrau noch einmal. »Nichts ist sehr wenig, Sepp!«

»Behüt Gott«, antwortete der Sohn, »sie machte gar nichts; könnt Euch drauf verlassen!«

»Dann nimm die Anne, mein Jung'! Das gibt die besten Weiber, die gar nichts tun, was die Burschen erzählen können!«

Und der Sepp nahm die Anne und wurde überglücklich und sagte später noch oft zu seiner Mutter: »Mutter, Ihr hattet recht mit Eurem Rat:

Die Ursel und Käth',
Die Bärbel und Gret',
Die wiegen zusamm'
Nicht halb meine Ann'!

Jetzt könnt' ich Euch schon viel von ihr erzählen – aber ich tu's nicht.«

Heino im Sumpf

Unser Sohn ist ein großer Jäger«, sagte der alte König. »Er reitet alle Tage mit der Armbrust in den Wald. Aber er bringt nie ein Wild zurück, soviel er auch erlegt; denn er schenkt alles, was er schießt, den armen Leuten. Es ist ein sehr guter Mensch!«

So sagte der alte König zur Königin. Doch die Rehe im Walde dachten etwas ganz anderes. Sie hatten gar keine Furcht vor Heino; denn sie kannten ihn schon lange und wußten, daß er ihnen nichts zuleide tat. Er ritt ja immer nur durch den Wald hindurch bis an das Waldende; und am Waldende stand ein kleines Häuschen, fasz ganz zugedeckt von Bäumen und Gesträuch, und Fenster und Haustüre fast ganz zugewachsen von Efeu und Geißblatt. Vor der Tür aber stand Blauäuglein, und wenn sie den Königssohn kommen sah, leuchteten ihre großen blauen Augen vor Freude wie zwei Sterne und beschienen ihr ganzes Gesicht. –

Doch Heino brachte immer und immer kein Wild nach Hause und wollte stets allein reiten; und wenn sein Vater mit ihm ritt, traf er nichts. Da merkte der alte König wohl, daß es etwas Besonderes mit dem Jagen sein müsse. Er ließ einen Diener heimlich Heino nachschleichen, und der erzählte ihm alles. Da fuhr es ihm in die Krone, und er ward sehr zornig; denn Heino war sein einziger Sohn, und er gedachte ihn mit der Tochter eines mächtigen Königs zu vermählen. Er rief daher zwei Jägerknechte, zeigte ihnen einen Klumpen Goldes, so groß wie ein Kopf, und versprach, ihnen denselben zu schenken, wenn sie Blauäuglein umbringen würde.

Aber Blauäuglein hatte eine schneeweiße Taube, die saß jeden Tag auf dem höchsten Baume im Walde und sah nach dem Schloß. Wenn Heino zu Pferde stieg, um zu Blauäuglein zu reiten, flog sie schnell voran, schlug mit den Flügeln gegen das Fenster und rief:

»Es rascheln die Zweiglein,
Es kommt was geschritten,
Herzliebstes Blauäuglein,
Es kommt was geritten!«

Dann stellte sich Blauäuglein vor die Haustüre und wartete, bis Heino kam.

Als nun die weiße Taube die beiden Jägerknechte gegen Abend nach dem Walde schleichen sah, ahnte ihr nichts Gutes. Sie flog eilends zum Schloß an Heinos Fenster, schlug gegen die Scheiben, bis er kam und ihr aufmachte, und sagte ihm alles, was sie gesehen hatte. Da stürzte er atemlos in den Wald, und als er bei dem kleinen Häuschen ankam, hatten schon die Jägerknechte Blauäuglein gebunden und ratschlagten, wie sie es töten sollten. Da schlug er ihnen die beiden

Häupter ab, trug sie nach Haus und setzte sie seinem Vater vor die Kammer auf die Schwelle.

Der alte König aber konnte die ganze Nacht nicht schlafen, sondern hörte fortwährend ein leises Wimmern und Stöhnen vor seiner Tür. Als der Morgen graute, stand er auf und sah nach, was es wäre. Da standen die beiden Köpfe der Jägerknechte auf der Schwelle, und zwischen beiden lag ein Brief von Heino, in dem stand geschrieben, daß er nichts mehr weder von Vater noch Mutter wissen wolle, und daß er sich jedwede Nacht vor Blauäugleins Haus auf die Schwelle legen würde mit dem nackten Schwert auf dem Schoß. Wer da käme, ihr ein Leid zu tun, dem schlüge er das Haupt ab, wie er es den beiden Jägerknechten getan, und wenn's der König selbst wäre.

Als der alte König dies gelesen, ward er sehr betreten. Er ging zur Königin und erzählte ihr alles. Diese aber schalt ihn aus, daß er Blauäuglein habe wollen umbringen lassen, und sagte: »Du hast alles verdorben! Wer wird nur immer gleich alles totmachen wollen! Ihr Männer seid doch gar zu schlimm, einer wie der andere! Stets heißt es: biegen oder brechen. Da sind von dir heute sechs Hemden aus der Wäsche gekommen, da fehlen wieder an allen sechsen die Hemdkragenbänder. Wo sind sie hin? Abgerissen hast du sie wieder, weil du sie verknotet hast, anstatt sie mit Geduld aufzuknüpfen. Und Heino ist geradeso wie du. Nun soll ich's wieder gutmachen!«

»Schon gut, schon gut«, erwiderte der König, der wohl fühlte, daß die Königin recht hatte, »sei nur ruhig und höre auf zu schelten; davon wird's auch nicht besser.«

Und die Königin warf sich die Nacht über unaufhörlich im Bette hin und her und überlegte sich, was sie tun wolle. Sobald es hell ward, ging sie auf den Anger und grub ein Kraut heraus, das war giftig und hatte schwarze Beeren. Darauf ging sie in den Wald und pflanzte es gerade an den Weg.

Als sie zurückkam, fragte sie der König, was sie gemacht habe. Da antwortete sie: »Ich habe ihm ein Kraut in den Weg gepflanzt, darauf wächst eine rote Blume; wer sie bricht, muß sein Liebstes vergessen.«

Am nächsten Morgen, als Heino durch den Wald ging, stand das Kraut am Wege und hatte eine schöne rote Blume getrieben, die funkelte in der Sonne und duftete so stark, daß ihm fast die Sinne

vergingen. Aber obschon es über Nacht stark getaut hatte, so waren doch das Kraut sowohl als die Blume ganz trocken. Da sagte er:

»Was ist das für ein Kraut,
Ein Kraut, worauf's nicht taut?«
Da antwortete die Blume:
»Ein Kraut, das niemand find't,
Als nur ein Königskind!«
Darauf fragte er wieder:
»Und wenn ich dich nun bräch',
Du Blum an meinem Weg?«
und die Blume erwiderte:
»So blüht' ich noch viel schöner,
Du stolzer Königssohn!«

Da konnte er sich nicht halten und pflückte die Blume; und als er das getan, hatte er sein Liebstes vergessen und ging zu seinen Eltern ins Schloß.

Als ihn seine Mutter kommen sah, hatte er die rote Blume am Wams stecken. Da wußte sie, daß alles gelungen sei, und rief den König. Der ging seinem Sohne entgegen, brachte ihm einen goldenen Helm und eine goldene Rüstung und sprach: »Ich bin alt und schwach; geh in die Welt und sieh zu, wie's draußen aussieht. Wenn du nach zwei Jahren zurückkehrst, will ich dir das Königreich geben.«

Darauf wählte sich Heino dreißig Knappen aus, zog mit ihnen von einem Königreich in das andere und besah sich die Herrlichkeit der Welt. –

Als aber Heino nicht wiederkam, merkte Blauäuglein wohl, daß er sie verlassen habe. Jeden Morgen schickte sie die weiße Taube aus, die mußte so lange in der Welt herumfliegen, bis sie Heino gefunden. Und jeden Abend kam die weiße Taube wieder und sagte Blauäuglein, wo Heino wäre und wie es ihm ging:

»Was macht mein lieber Held,
Mein junges Königsblut?«
und die Taube antwortete:
»Er fährt in alle Welt
Und hat gar stolzen Mut!«
»Hat er noch mein vergessen
Und denkt er nimmer mein?«
»Er hat dein noch vergessen,
Beim Trinken und beim Essen,
Bei Regen und Sonnenschein!«

Zwei Jahre waren schon vergangen, da kam die weiße Taube eines Abends auch wieder zurück und hatte einen Blutfleck am Flügel.

Da fragte Blauäuglein:
»Was macht mein lieber Held,
Mein junges Königsblut?«

Da sah sie den Blutfleck am Flügel und wurde sehr traurig. »Ist er tot?« fragte sie.

»Wollte Gott, wollte Gott,
Daß er wäre tot!«
gurrte die Taube.
»Im Irrwischsumpf, da ist er ertrunken,
Im Irrwischsumpf, da ist er versunken.
Wo das Schilfgras wächst,
Da liegt er verhext,
Daß Gott erbarm',
In der Irrwischkönigin weißem Arm!«

Da hieß Blauäuglein die weiße Taube sich auf ihre Schulter setzen, damit sie ihr den Weg wiese, und machte sich auf, Heino zu suchen.

Nachdem sie drei Tage gewandert war, kam sie an den Irrwischsumpf, wo Heino verzaubert lag. Sie setzte sich still an den Weg und wartete, bis es Abend wurde. Als es dunkel ward, bezog sich der Himmel, und die Wolken jagten. Prasselnd schlug der Regen in das Erlengebüsch; und nicht lange, so sah sie fern im Sumpf die ersten blauen Flämmchen aufsteigen. Da schürzte sie sich ihre Röcke, stieg beherzt hinab in das Schilfgras und wanderte vorwärts, unverrückt nach den Irrlichtern schauend. Es war ein beschwerlicher Weg; denn sie sank bald bis über die Knöchel ein, der Wind peitschte ihr das Haar um die Schultern, daß sie stehenbleiben mußte, um es in einen großen Knoten im Nacken zusammenzuschürzen, und der Regen lief ihr über die Wangen. Aber der Sumpf wurde immer tiefer, und die blauen Flämmchen, welche in immer größerer Zahl an allen Orten hervorstiegen, schienen sie äffen zu wollen. Denn wenn es eine Zeitlang den Anschein gehabt, als wenn sie stillständen oder gar ihr entgegenkämen, so daß sie schon hoffte, sie bald zu erreichen, so schwebten sie doch bald wieder bis zur Mitte des Sumpfes zurück oder verloschten plötzlich, um an einer entfernteren Stelle wieder aufzusteigen. Sie sank jetzt schon bis fast an die Knie ein und konnte nicht mehr wie zwei oder drei Schritte hintereinander tun, ohne sich auszuruhen. Da hörte das Unwetter auf, die schmale Mondsichel trat zwischen den Wolken heraus, und vor ihr, inmitten einer großen dunklen Lache, erhob sich das verzauberte Schloß der Irrwischkönigin.

Weiße Stufen führten aus dem totstillen Wasser in eine große, offenstehende Halle, welche von vielen Säulen von blauem und grünen Kristall mit goldenen Knäufen getragen wurde, und in buntem Gewirr tanzten in dieser Halle eine unzählbare Menge von Irrlichtern um ein besonders hell flackerndes, hoch aus ihrer Mitte hervorschwebendes Flämmchen herum. Da lösten sich plötzlich aus dem Gewühl eine Anzahl Irrlichter ab und bildeten zwei Kreise, die wirbelnd aus der Halle hervorstürzten. Und während der eine von ihnen dicht vor den Stufen des Schlosses stehenblieb, näherte sich der andere rasch, und bald erkannte Blauäuglein zwölf blasse, aber wunderschöne Jungfrauen, welche auf der Stirn goldene Diademe trugen, an denen sich vorn kleine goldene Schalen erhoben, worin die blauen Flämmchen brannten. In wildem Tanze schwebten sie an Blauäuglein heran und umringten sie; und während aus dem Schlosse eine zauberische Musik erklang, sangen sie:

»In den Reihn,
In den Reihn,
Holde Schwester, Blauäuglein, herein!
In dem Schloß,
In dem Schloß,
Da winkt dir ein süßer Genoß!
Sieh, wie's blinkt!
Wie er winkt,
Wie er grüßt, wie er grüßend dir winkt!
Vergiß, was du liebtest auf Erden,
Der Unseren eine zu werden!«

Aber Blauäuglein sah die Geister mit ihren großen klaren Augen ruhig und unverwandt an und sagte: »Ihr habt keine Macht über mich! Ob ich wieder lebendig aus dem Sumpfe komme, weiß Gott im

Himmel allein; wen ich aber auch sterben muß, so werdet ihr mich doch nicht in eure Gewalt bekommen!«

Da flohen die Jungfrauen nach allen Richtungen tief in den Sumpf zurück. Statt ihrer aber schwebte der zweite Kreis Irrlichter heran, der bis dahin vor den Stufen des Schlosses hin und her getanzt hatte. Das waren zwölf wunderschöne, aber totenblasse Knaben, ebenfalls mit blauen Flämmchen über den Stirnen. Sie bildeten einen Kreis um Blauäuglein und tanzten langsam um sie her, indem sie abwechselnd ihre weißen Arme hoch über ihre Häupter erhoben und rückwärts nach dem Schlosse zeigten. Und besonders einer von ihnen näherte sich immer wieder Blauäuglein, als wenn er sie umfassen wollte; und wie sie ihn genauer ansah, so war es Heino.

Da zuckte es ihr durchs Herz, als wenn sie ein eiskaltes Schwert durchführe, und sie schrie laut: »Heino, Gott steh dir bei in deiner großen Not!«

Kaum hatte sie dies ausgerufen, so fuhr ein heftiger Windstoß über den Sumpf, und die Lichter der Irrwische verloschen. Die stille Fläche der Lache kräuselte sich, und schwarze Wellen schlugen an den weißen Stufen des Schlosses empor. Dann sank das Schloss lautlos in die Tiefe, und an seiner Stelle standen vier Pfähle von faulem Holz, die Überreste einer alten heidnischen Fischerhütte. Vor Blauäuglein aber, im tiefen Sumpf bis an den Gürtel eingesunken, stand Heino, leibhaftig, wie er gewesen war, aber blaß und traurig. Die Haare hingen ihm wirr auf die Stirn, und Helm und Harnisch waren verrostet.

»Bist du es, Blauäuglein?« fragte er wehmütig.

»Ja, Heino, ich bin's.«

»Laß mich«, erwiderte er, »ich bin ein verlorener Mann!«

Doch sie gab ihm die Hand und sprach ihm Mut ein; und er versuchte einige Schritte vorwärts zu kommen. Dann blieb er stehen und sagte:

»Blauäuglein, ich versinke;
Blauäuglein, ich ertrinke!«

Doch sie hielt ihn nur fester und entgegnete:

»Nein, Heino, du versinkst nicht!
Nein, Heino, du ertrinkst nicht!
Halt dich an mir nur fest,
So wirst du doch erlöst!«

So half sie ihm Schritt für Schritt vorwärts und immer wieder blieb er stehen und sprach:

»Blauäuglein, ich versinke;
Blauäuglein, ich ertrinke!«

Umd immer wieder tröstete sie ihn und sagte:

»Nein, Heino, du versinkst nicht!
Nein, Heino, du ertrinkst nicht!
Halt dich an mir nur fest,
So wirst du doch erlöst!«

Mit unsäglicher Mühe waren sie endlich so weit gekommen, daß sie von fern schon das Ende des Sumpfes und die Straße sahen. Da blieb Heino ganz stehen und rief: »Ich kann nicht weiter, Blauäuglein! Geh du allein zurück und grüß mein Mütterchen. Du kommst wohl heraus, denn du sinkst ja nicht tief ein; aber mir geht's fast bis ans Herz.« Dabei wandte er sich um und blickte nach der Stätte zurück, wo das Schloß versunken war.

»Sieh dich nicht um!« rief Blauäuglein ängstlich. Aber sie hatte kaum Zeit gehabt, dies auszurufen, als auch schon von der Mitte des Sumpfes ein einzelnes blaues Flämmchen auf beide zugeschwebt kam. Es näherte sich rasch, und die Königin der Irrwische stand vor ihnen. Sie hatte einen Kranz von weißen Wasserrosen auf dem Haupte, und ihr Diadem war eine goldene Schlange, welche sich leise durch ihr Haar und um ihre Stirn bewegte. Mit ihren glühenden Augen schaute sie Heino an, als wollte sie ihm bis ins Herz sehen. Dann legte sie ihm die Hand auf die Schulter und bat flehend: »Komm zurück, Heino!« Und er stand und sah sie an und schwankte unstet.

Da riß Blauäuglein ihm das Schwert von der Seite und schwang es gegen die Irrwischkönigin. Doch die Irrwischkönigin lächelte und sprach: »Törichtes Kind, was willst du mir tun? Ich bin nicht von

Fleisch und Blut.« Und sie faßte Heino und zog ihn mit Gewalt an sich, daß ihre schwarzen Locken über sein Gesicht fielen. Da rief Blauäuglein in ihrer Herzensangst: »Und bist du nicht von Fleisch und Blut, du entsetzliches Weib, so ist es doch dieser hier, den ich aus deinen Händen erretten will!« Und sie zückte das Schwert noch einmal mit aller Kraft, und wie die Irrwischkönigin noch einen Versuch machte, Heino, dessen rechte Hand sie erfaßt hatte, mit sich fortzureißen, rief sie: »Heino, es tut nicht weh!« und schlug ihm mit einem Schlage den Arm dicht am Handgelenk ab.

Da verlosch auch die Flamme auf dem Haupte der Königin, und sie selber zerrann wie ein Nebelbild; die weiße Taube aber, die bisher auf der Schulter von Blauäuglein gesessen, flog auf die Schulter Heinos.

»Nun bist du erlöst, Heino!« rief Blauäuglein, als sie dies sah. »Komm, es ist nicht mehr weit zur Straße; nimm deine letzten Kräfte zusammen. Sieh, du sinkst gar nicht mehr tief ein.«

Und sie gingen weiter, aber immer noch blieb Heino oft stehen und sprach:

»Blauäuglein, mein Arm brennt sehr!«

Doch sie erwiderte:

»Heino, mich schmerzt's noch mehr!«

Aber das letzte Stück mußte sie ihn fast tragen, und als er den letzten Schritt aus dem Sumpfe getan, sank er todmüde auf die Straße nieder und schlief ein. Da nahm sie ihren Schleier und verband ihm den Arm, so daß er aufhörte zu bluten. – Als sie sah, daß er still und ruhig schlief, zog sie sich den Ring, den er ihr geschenkt, vom Finger, steckte ihm denselben an die Hand und machte sich auf den Heimweg.

Sobald sie angekommen war, ging sie zum alten König und sagte zu ihm, indem sie ihn freudig mit ihren großen blauen Augen anblickte: »Ich habe Euren Sohn erlöst; er wird bald zu Euch zurückkehren. Behüt Euch Gott, mich seht Ihr nimmer wieder.«

Da zog sie der alte König an sein Herz und sprach: »Blauäuglein, meine Tochter, du kannst eine Krone tragen so stolz wie ein Königskind! Wenn du ihm verzeihen willst und einen Einarmigen zum Manne nehmen, so sollst du seine Königin sein dein Leben lang.«

Als er dies gesagt, öffnete er die Türe, und herein trat Heino und schloß Blauäuglein in seine Arme. Da war große Freude im ganzen Land, und alle Leute wollte das schöne fromme Mädchen sehen, welches den Königssohn errettet hatte.

Als sie jedoch vor dem Altare standen und die Ringe wechseln sollten, vergaß Heino, daß ihm die rechte Hand fehlte, und er streckte dem Priester den Stumpf hin. Da geschah ein Wunder; denn als der Priester den Stumpf berührte, wuchs aus ihm eine neue Hand hervor, wie eine weiße Blume aus einem braunen Ast. Aber um das Handgelenk lief ein feiner roter Streif, schmal wie ein Faden, herum. Den behielt er sein ganzes Leben.

Pechvogel und Glückskind

In einer kleinen Stadt, nicht weit von dem Orte, wo ich wohne, lebte einmal ein junger Mann, dem alles zum Unglück ausschlug, was er anfing. Sein Vater hatte Pechvogel geheißen, und so hieß er denn auch Pechvogel. Beide Eltern waren ihm früh gestorben, und die lange, dürre Tante, die ihn damals zu sich genommen hatte, prügelte ihn jedesmal, wenn sie aus der Messe kam. Da sie nun aber jeden Tag in die Messe ging, so prügelte sie ihn eben auch alle Tage. Er hatte aber auch wirklich viel Unglück. Denn wenn er ein Glas trug, fiel es ihm gewöhnlich hin; und wenn er dann weinend die Scherben auflas, schnitt er sich stets in die Finger.

So ging es in allen Dingen. Zwar die lange Tante starb eines Tages, und er pflanzte um ihr Grab so viel Büsche und Bäume, als wenn er auf ihnen noch einmal alle die Stöcke ziehen wolle, die sie auf seinem Rücken zerschlagen hatte; aber sein Unstern schien mit jedem Jahre nur mehr und mehr zuzunehmen. Da bemächtigte sich seiner eine große Traurigkeit, und er beschloß, in die weite Welt zu gehen. Schlechter kann's nimmer werden, dachte er; vielleicht wird's besser. Er steckte daher seine ganze Barschaft in die Tasche und wanderte zum Tor hinaus.

Vor dem Tor, auf der steinernen Brücke, blieb er noch einmal stehen und lehnte sich über das Geländer. Er sah in die Wellen hinab, die reißend an den Pfeilern vorbeischäumten, und es wurde ihm gar wehmütig ums Herz. Es war ihm fast, als wenn es ein Unglück wäre, die Stadt, in der er so lange gelebt, zu verlassen. Und vielleicht hätte er noch lange so gestanden, wenn ihm nicht plötzlich der Wind den Hut vom Kopfe geweht und in den Fluß geworfen hätte. Da erwachte er aus seinen Träumen, aber der Hut war schon unter der Brücke fortgeschwommen und tanzte auf der anderen Seite mitten im Strom; und jedesmal, wenn ihn eine Welle hochhob, schien er höhnisch zurückzurufen: »Adieu, Pechvogel! Ich reise; bleibe du zu Hause, wenn du Lust hast.«

So machte sich denn Pechvogel ohne Hut auf den Weg. Lustige Gesellen zogen oft genug singend und jubilierend an ihm vorüber und luden ihn ein, in Gemeinschaft mit ihnen die Wanderschaft fortzusetzen. Doch er schüttelte jedesmal traurig den Kopf und sagte: »Ich passe nicht zu euch und würde euch nicht viel Glück bringen! Außerdem heiße ich Pechvogel!« Sobald sie diesen Namen hörten, wurden die lustigen Burschen ernsthaft und verlegen und machten sich eilends aus dem Staube. Erreichte er abends müde ein Wirtshaus und saß er an einer einsamen Ecke des Schanktisches, den Kopf in die Hand gestützt und vor sich den zinnernen Krug mit Wein, der nimmer leer werden wollte, so trat wohl zuweilen das Wirtstöchterlein leise zu ihm heran, tippte ihn auf die Schulter, so daß er sich erschrocken umdrehte, und fragte, warum er so traurig sei. Wenn er aber dann seine Geschichte erzählte oder gar seinen Namen nannte, schüttelte sie den Kopf, ging zu ihrem Spinnrad zurück und ließ ihn allein sitzen und seinen Gedanken nachhängen.

Nachdem Pechvogel mehrere Wochen lang gewandert war, ohne recht eigentlich zu wissen wohin, kam er eines Tages an einen wundervollen großen Garten, der von einem hohen, vergoldeten Geländer umgeben war. Durch das Geländer hindurch sah man uralte Bäume und niedriges Buschwerk, abwechselnd mit großen Rasenplätzen. Dazwischen schlängelte sich ein Bach, über den eine Menge kleiner Brücken führte. Zahme Hirsche und Rehe spazierten auf den gelben Sandwegen umher, kamen bis ans Gitter, streckten ihre Köpfe heraus und fraßen ihm das Brot aus der Hand. In der Mitte des Gartens aber sah man aus den Bäumen ein stattliches Schloß hervorragen. Die silbernen Dächer blitzten in der Sonne, und von den Türmen wehten bunte Fahnen und Banner. Er ging das Geländer entlang; endlich fand er einen großen, offenstehenden Torweg, von dem eine lange schattige Allee gerade auf das Schloß führte. Im Garten selbst war alles still; kein Mensch ließ sich sehen oder hören. Am Tor hing eine Tafel. Aha! dachte er, wie gewöhnlich! Wenn man an einem recht schönen Garten vorbeikommt, wo die Tore einladend offenstehen, dann hängt immer eine Tafel daneben, worauf steht, daß der Eintritt verboten ist. Zu seiner Überraschung sah er jedoch, daß er sich diesmal täuschte: denn auf der Tafel stand weiter nichts als: »Hier darf nicht geweint werden!« – »So, so«, sagte er, »eine närrische Inschrift«, zog das Taschentuch heraus und rieb sich ein wenig die Augen; denn er war nicht ganz sicher, ob nicht in einer Ecke irgendwo doch eine halbe Träne sitzengeblieben sei. Darauf trat er in den Garten ein. Der große breite Weg, der schnurstracks aufs Schloß zulief, machte ihn beklommen. Er schlug lieber einen Seitengang mitten zwischen hohen Jasmin- und Rosenhecken ein. Den verfolgte er und gelangte in einen kleinen Wald, aus dem ein Weg mit vielen Windungen zu einem Hügel hinaufführte. Als er jetzt abermals um eine Ecke bog, lag die Spitze des Hügels vor ihm, und auf dem Hügel im Grase saß ein wunderschönes Mädchen.

Sie hatte eine goldene Krone auf dem Schoß, auf die sie fortwährend hauchte. Dann nahm sie ihre seidene Schürze, rieb die Krone mit ihr, und als sie sah, daß sie wieder ganz blank wurde, klatschte sie vor Freude in die Hände, strich sich ihre langen Haare hinter die Ohren und setzte sich die Krone wieder auf.

Den armen Pechvogel überfiel bei ihrem Anblicke eine sonderbare Angst. Sein Herz pochte so laut, als wenn es zerspringen wollte. Er trat hinter einen Busch und duckte sich nieder. Aber es war eine Berberitze, und ein Zweig legte sich ihm gerade quer übers Gesicht. Und wie der Wind den Busch leise hin und her bewegte, kitzelte ihm ein Dorn fortwährend an der Nasenspitze herum, so daß er laut niesen mußte. Erschrocken drehte sich das Mädchen mit der Krone um und sah Pechvogel hinter dem Busche kauern.

»Warum versteckst du dich?« rief sie. »Willst du mir etwas Böses tun, oder fürchtest du dich vor mir?«

Da trat Pechvogel zitternd wie Espenlaub hinter dem Busche hervor.

»Du tust mir nichts!« sagte sie lachend. »Komm her, setze dich ein wenig zu mir; meine Gespielinnen sind alle fortgelaufen und haben mich allein gelassen. Du kannst mir etwas recht Hübsches erzählen, aber was zum Lachen! Hörst du? – Aber du siehst ja so traurig aus! Was fehlt dir denn? Wenn du kein so finsteres Gesicht machtest, wärst du wirklich ein ganz hübscher Mensch.«

»Wenn du es haben willst«, antwortete Pechvogel, »will ich mich wohl einen Augenblick zu dir setzen. Aber wer bist du denn? Ich habe ja mein Lebtag noch nie etwas so Schönes und Herrliches gesehen wie dich!«

»Ich bin die Prinzessin Glückskind, und dies ist meines Vaters Garten.«

»Was machst du denn hier so allein?«

»Ich füttere meine Rehe und Hirsche und putze meine Krone.«

»Und nachher?«

»Dann füttere ich meine Goldfische!«

»Und wenn du damit fertig bist?«

»Dann kommen meine Gespielinnen wieder, und dann lachen wir und singen und tanzen!«

»Ach, was du für ein glückseliges Leben führst! Und das geht so alle Tage?«

»Ja, alle Tage! Nun sage aber auch einmal, wer du bist und wie du heißt.«

»Ach, allerschönste Prinzessin, verlangt nur das nicht von mir! Ich bin der allerunglücklichste Mensch unter der Sonne und habe den allerhäßlichsten Namen.«

»Pfui!« sagte sie, »ein häßlicher Name ist sehr häßlich! In meines Vaters Ländern gibt es einen, der heißt Entengrütze, und einen anderen, der heißt Fettfleck; du wirst doch nicht etwa so heißen?«

»Nein«, antwortete er, »Entengrütze heiße ich nicht, auch nicht Fettfleck. Mein Name ist noch viel häßlicher. Ich heiße Pechvogel.«

»Pechvogel? Das ist ja zum Totlachen! Kannst du denn keinen anderen Namen kriegen? Höre, ich will mir einmal einen recht hübschen Namen für dich ausdenken, und dann will ich meinen Vater bitten, daß er dir erlaubt, ihn zu tragen. Mein Vater kann alles, was er will; denn er ist König. Aber nur unter der Bedingung tu ich es, daß du ein ganz vergnügtes Gesicht machst. Nimm doch die Hand vom Gesicht; du mußt dir nicht immer so an der Nase herumzupfen! Du hast eine ganz hübsche Nase und wirst sie dir noch ganz und gar verderben. Streich dir einmal die Haare aus der Stirn1 So! Nun siehst du doch einigermaßen vernünftig aus. – Sage einmal, warum bist du eigentlich so traurig? Denn ich bin immer vergnügt, und jeder, mit dem ich rede, freut sich. Nur dir sieht man's gar nicht an!«

»Warum ich so traurig bin? Weil ich mein ganzes Leben traurig war und stets Unglück habe. Und du bist immer lustig? Wie fängst du das an?«

»Mich hat eine Fee über die heilige Taufe gehalten, der hatte mein Vater früher einmal einen großen Dienst erwiesen. Sie nahm mich auf den Arm, küßte mich auf die Stirn und sagte zu mir: ‚Du sollst immerdar fröhlich sein und alle Welt fröhlich machen. Wenn dich ein recht trauriger Mensch ansieht, soll er sein Unglück vergessen! Glückskind sollst du heißen!' – Dich aber hat wohl keine Fee geküßt?«

»Nein, nein!« antwortete er hastig, »niemals!«

Darauf wurde die Prinzessin sehr still und nachdenklich und sah ihn mit ihren großen blauen Augen so sonderbar an, daß es ihm eiskalt den Rücken hinunterlief. Dann hub sie wieder an:

»Ob es auch immer eine Fee sein muß? Eine Prinzessin ist auch etwas. Komm her, knie dich einmal hin; denn du bist mir zu groß.«

Darauf trat sie vor ihn, gab ihm einen Kuß und lief lachend fort.

Ehe sich Pechvogel noch recht besinnen konnte, war sie verschwunden. Langsam stand er auf. Es war ihm, als wenn er aus einem Traum erwachte; und doch fühlte er, daß es kein Traum sein könne, denn eine wunderbare Fröhlichkeit war über sein Herz gekommen. »Wenn ich nur meinen Hut hätte«, sagte er, »daß ich ihn in die Luft werfen könnte. Vielleicht finge er an zu trillern und flöge als Lerche davon! Zumut ist mir's so. Ich glaube wirklich, ich bin lustig. Das wäre doch zu merkwürdig.« – Er pflückte sich noch einen großen Blumenstrauß im Garten und wanderte singend die Landstraße weiter.

Sobald er in die nächste Stadt kam, kaufte er sich ein rotsamtnes Wams mit Atlasschlitzen und ein Barett mit einer langen weißen Feder, besah sich im Spiegel und sagte: »Pechvogel heiße ich? Wir wollen doch sehen, ob ich nicht einen anderen Namen bekomme. Aber den schönsten, den es gibt, sonst nehm' ich ihn nicht an.« Dann stieg er auf ein Pferd, gab ihm die Sporen, daß es lustig dahintanzte, und setzte seine Reise fort.

Prinzessin Glückskind aber, nachdem sie dem Pechvogel den Kuß gegeben hatte, lief und lief. Dann ging sie langsamer und langsamer, und zuletzt setzte sie sich auf eine Bank unweit vom Schlosse und fing an, bitterlich zu weinen. Als ihre Gespielinnen zurückkehrten und sie fanden, weinte sie immer noch. Sie versuchten sie zu trösten, aber es half nichts. Da liefen sie in ihrer Angst zum König und riefen: »Um Gottes Willen, Herr König! Ein Unglück für das ganze Land! Prinzessin Glückskind sitzt im Garten und weint, und niemand kann ihr helfen.« Als dies der König hörte, wurde er vor Schrecken blaß und sprang eilig die Treppe in den Garten hinunter. Da saß die Prinzessin weinend auf der Bank und hatte die Krone auf dem Schoß, und es waren auf sie so viele Tränen gefallen, daß sie in der Sonne blitzte, als wenn sie mit tausend Diamanten besetzt wäre. Der König nahm seine Tochter in den Arm und tröstete sie und redete ihr zu; aber sie weinte immerfort. Er führte sie in das Schloß und ließ ihr aus dem ganzen Lande alles, was es nur Schönes und Kostbares gab, kommen; doch sie blieb traurig; und so oft er sie auch bat, ihm doch zu sagen, welch ein schweres Herzeleid ihr widerfahren sei, sie antwortete nicht. Aber der König fragte immer wieder, und zuletzt mußte sie es sagen; und sie erzählte, wie sie im Garten gesessen und wie ein junger Mensch gekommen wäre, der so überaus traurig ausgesehen, und wie sie ihn geküßt hätte, um zu sehen, ob er dadurch nicht vielleicht etwas fröhlicher würde.

Da schlug der König die Hände über dem Kopf zusammen. »Einen fremden, hergelaufenen Menschen, wahrscheinlich einen ganz gewöhnlichen Handwerksburschen! Mit schlechten Kleidern; und noch dazu ohne Hut! Es ist unglaublich!«

»Er dauerte mich so sehr!«

»Ein hübscher Grund für eine Prinzessin, den ersten besten Strolch zu küssen! Und Pechvogel heißt er? Unerhört! Aber den Menschen muß ich haben, und wenn ich ihn habe, wird er geköpft. Das ist die allergeringste Strafe, die ihn treffen kann!«

Darauf befahl der König seinen Reitern, das Land nach allen Richtungen hin zu durchstreifen und auf den armen Pechvogel zu fahnden. »Wenn ihr einen jungen Menschen findet, der aussieht, als hätten ihm die Mäuse das Brot weggefressen, und keinen Hut hat, der ist's! Den bringt ihr sofort hierher!« Und die Reiter stoben auseinander wie Spreu, in die der Wind fährt, und durchzogen das ganze Land. Manche von ihnen kamen auch an Pechvogel vorbei, der in seiner vornehmen Kleidung stolz auf dem Pferde saß; aber sie erkannten ihn nicht, und die meisten von ihnen kehrten unverrichteterdinge in das Schloß zurück, wo sie der König zornig anfuhr und alberne, ungeschickte Menschen schalt, die zu gar nichts zu gebrauchen seien. Die Prinzessin aber blieb traurig wie zuvor und kam jeden Mittag mit verweinten Augen zu Tisch; und der König tat auch weiter nichts, als daß er immer wieder seine schöne, traurige Tochter ansah, und ließ darüber Suppe und Braten kalt werden.

So ging es Woche um Woche. Eines Tages jedoch entstand plötzlich ein Lärmen auf dem Schloßhofe. Alles lief zusammen, und ehe noch der König Zeit gehabt, ans Fenster zu treten, um nach der Ursache zu sehen, führten schon zwei Reiter den armen Pechvogel in sein Zimmer. Sie hatten ihm die Hände auf dem Rücken zusammengebunden, aber sein Gesicht strahlte, als wenn ihm in seinem Leben noch nie etwas Lieberes widerfahren wäre. Er verneigte sich vor dem Könige und richtete sich dann stolz auf, abwartend, was er über ihn beschließen würde.

»Wir haben den sauberen Vogel gefangen, Majestät!« sagte der ältere der beiden Reiter. »Er muß sich aber inzwischen gemausert haben; denn Eure Beschreibung paßt wie die Faust aufs Auge! Gewiß hätten wir ihn auch nie gefunden, wenn uns nicht der dumme Tölpel, als wir im Wirtshaus mit ihm zusammentrafen, die ganze Geschichte selbst erzählt hätte. Und wißt ihr, was er getan hat, nachdem wir ihn gefangen und gebunden? Weitergelacht und weitergesungen! Und wie wir ihn auf sein Pferd gesetzt, zwischen unsere Pferde genommen und hierhergejagt? Geschimpft und gezankt, daß wir so langsam ritten! Als wenn er es nicht erwarten könne, bis er geköpft würde. Wenn das der traurigste Mensch in der ganzen Christenheit sein soll, Majestät, so möchte ich wohl den allerlustigsten sehen. Der muß sich dann zum Frühstück die Beine ausreißen und in den Kaffee tauchen. Alles andere hat der hier schon unterwegs gemacht!«

Als der König dies gehört, trat er vor Pechvogel mit gekreuzten Armen hin und sagte: »Also du bist der Mensch, der die Frechheit gehabt hat, sich von der Prinzessin küssen zu lassen?«

»Ja, Herr König! Und ich bin seitdem der allerglückseligste Mensch der Welt geworden!«

»Werft ihn in den Turm, er soll morgen geköpft werden!«

Hierauf führten die Reiter Pechvogel hinaus und in den Turm; der König aber ging mit langen Schritten in seinem Zimmer auf und ab. »Das ist ein schlimmer Handel«, sagte er. »Haben tu ich ihn, und geköpft wird er; aber davon allein wird mein Glückskind nicht wieder lustig.« Dann ging er leise bis an das Zimmer seiner Tochter, sah durchs Schlüsselloch, schüttelte den Kopf, ging wieder lange auf und ab und ließ endlich seinen Geheimen Rat kommen. Als dieser alles gehört, besann er sich und sagte:

»Ich weiß nicht, ob's hilft, aber man könnte es versuchen. Daß der Pechvogel vorher traurig war und jetzt lustig ist, ist sicher; ebenso, daß unsere schöne Prinzessin früher stets fröhlich war und nun fortwährend weint. Daß der Kuß daran schuld ist, ist doch sehr wahrscheinlich. Also, der Pechvogel muß der Prinzessin den Kuß wiedergeben. Majestät, das ist meine untertänigste Meinung!«

»Das ist ja ganz unmöglich«, erwiderte der König ärgerlich, »und ganz gegen die Sitte meines Hauses!«

»Ew. Majestät müssen die Sache nur als Staatsakt betrachten, dann geht es wohl, und niemand kann etwas dagegen einwenden.«

Der König überlegte sich die Angelegenheit noch etwas, dann sagte er: »Gut, wir wollen es versuchen. Rufe alle Grafen und Ritter ins Thronzimmer und laß den Gefangenen heraufführen!«

Darauf legte der König seine Staatskleidung an und nahm auf dem Throne Platz. Neben ihm stand die Prinzessin, der er gar nicht gewagt hatte zu sagen, weshalb er sie hatte rufen lassen, und um ihn herum in großem Kreise der ganze Hof; lauter vornehme Herren in goldgestickten Kleidern mit Sternen und Schärpen. Alles war ganz still. Da ging die Tür auf, und Pechvogel wurde hereingebracht.

»Du wirst morgen geköpft«, fuhr ihn der König an, »aber zuvor wirst du augenblicklich und vor allen diesen edlen und erlauchten Herren meiner Tochter den Kuß wiedergeben, den sie dir unüberlegterweise gegeben hat!«

»Wenn Ihr nur das wünscht, Herr König«, entgegnete Pechvogel, »so will ich es herzlich gern tun, und wenn es möglich ist, daß ein Mensch noch glücklicher werden kann, als ich es jetzt schon bin, so werde ich es gewiß werden!«

»Das wollen wir erst einmal sehen«, unterbrach ihn der König barsch. »Diesmal könntest du dich verechnet haben!«

Darauf schritt Pechvogel auf die Prinzessin zu, umarmte sie und gab ihr einen Kuß. Sie aber nahm seine Hand, sah ihn sehr freundlich an, und beide blieben vor dem Throne stehen.

»Bist du nun wieder vergnügt, meine liebe Tochter?« fragte der König.

»Ein klein bißchen, Herr Vater«, entgegnete sie. »Aber es wird gewiß nicht lange vorhalten.«

»Ja, ja!« sagte der König traurig, »ich sehe es schon. Er ist ja nicht wieder traurig geworden, wie es sein müßte, wenn's richtig wäre.

Er steht ja noch immer da und lächelt und macht immer noch das unverschämt vergnügte Gesicht! Was nun anfangen?«

Da schlug die Prinzessin die Augen nieder und sagte leise: »Ich weiß es, Vater, und will es dir sagen; aber bloß ins Ohr.«

Darauf ging der König mit der Prinzessin auf den Vorsaal, und wie sie wieder hereintraten, nahm er die Hand Pechvogels, legte sie in die der Prinzessin und sagte zu allen den versammelten Herren und Grafen:

»Es ist nicht zu ändern, Gottes Wille geschehe; dies ist mein lieber Sohn, der König wird, wenn ich einmal sterbe.« –

Und Pechvogel wurde Prinz und später König. Er wohnte in dem goldenen Schlosse und gab der Prinzessin so viele Küsse, daß sie noch viel fröhlicher wurde als zuvor. Prinzessin Glückskind aber schenkte ihm für seinen häßlichen Namen die allerschönsten; jeden Tag einen anderen. Nur zuweilen, wenn sie recht übermütig lustig war, sagte sie zu ihm: »Weißt du noch, wie du früher hießest?« und dann wollte sie sich totlachen. Er aber hielt ihr den Mund zu und sprach: »Still! was sollen die Leute denken, wenn sie es hören? Ich verliere ja allen Respekt!«

Die Alte-Weiber-Mühle

Bei Apolda in Thüringen liegt die Alte-Weiber-Mühle. Sie sieht ungefähr aus wie eine große Kaffeemühle, nur daß nicht oben gedreht wird, sondern unten. Unten stehen nämlich zwei große Balken heraus, die von zwei Knechten angefaßt werden, um mit ihnen die Mühle zu drehen. Oben werden dic alten Weiber hineingetan; faltig und bucklig, ohne Haare und Zähne, und unten kommen sie jung wieder heraus: schmuck und rotbackig wie die Borstäpfel. Mit einem Male Umdrehen ist's gemacht; knack und krach geht es, daß es einem durch Mark und Bein fährt. Wenn man aber die, welche herauskommen und wieder jung geworden sind, fragt, ob es nicht erschrecklich weh tue, antworten sie: »Lieber gar! Wunderschön ist es! Ungefähr so, wie wenn man früh aufwacht, gut ausgeschlafen ist und die Sonne ins Zimmer scheint, und draußen singen die Vögel, und die Bäume rauschen, und man sich dann noch einmal im Bett ordentlich dehnt und reckt. Da knackt's auch zuweilen.«

Sehr weit von Apolda wohnte einmal eine alte Frau; die hatte auch davon gehört. Da sie nun sehr gern jung gewesen war, entschloß sie sich eines Tages kurz und machte sich auf den Weg. Es ging zwar langsam; sie mußte oft stehenbleiben und husten, aber mit der Zeit kam sie doch vorwärts, und endlich langte sie richtig vor der Mühle an.

»Ich möchte wieder jung werden und mich ummahlen lassen«, sagte sie zu einem der Knechte, der, die Hände in den Hosentaschen, vor der Mühle auf der Bank saß und aus seiner Pfeife Ringel in die blaue Luft blies. »Du lieber Gott, was das Apolda weit ist!«

»Wie heißt Ihr denn?« fragte der Knecht gähnend.

»Die alte Mutter Klapprothen!«

»Setzt Euch solange auf die Bank, Mutter Klapprothen«, sagte der Knecht, ging in die Mühle, schlug ein großes Buch auf und kam mit einem langen Zettel wieder heraus.

»Ist wohl die Rechnung, mein Jüngelchen?« fragte die Alte.

»I bewahre!« erwiderte der Knecht. »Das Ummahlen kostet nichts. Aber Ihr müßt zuvor das hier unterschreiben!«

»Unterschreiben?« wiederholte die alte Frau. »Wohl meine arme Seele dem Teufel verschreiben? Nein! das tue ich nicht! Ich bin eine fromme Frau und hoffe, einmal in den Himmel zu kommen.«

»Ist nicht so schlimm!« lachte der Knecht. »Auf dem Zettel stehen bloß alle Torheiten verzeichnet, die Ihr in Eurem ganzen Leben begangen habt, und zwar ganz genau der Reihe nach, mit Zeit und Stunde. Ehe Ihr Euch ummahlen laßt, müßt Ihr Euch verpflichten, wenn Ihr nun wieder jung geworden seid, alle die Torheiten noch einmal zu machen, und zwar ganz genau in derselben Reihenfolge, justement wie's auf dem Zettel steht!«

Darauf besah er den Zettel und sagte schmunzelnd: »Freilich ein bißchen viel, Mutter Klapprothen, ein bißchen viel! Vom sechzehnten bis zum sechsundzwanzigsten Lebensjahre täglich eine, sonntags zwei. Nachher wird's besser. Aber im Anfang der Vierziger, der Tausend, da kommt's'noch einmal dicke! Zuletzt ist's wie gewöhnlich!«

Da seufzte die Alte und sagte: »Aber Kinder, dann lohnt es sich ja gar nicht, sich ummahlen zu lassen!«

»Freilich, freilich«, entgegnete der Knecht, »für die meisten lohnt sich's nicht! Darum haben wie eben gute Zeit; sieben Feiertage die Woche, und die Mühle steht immer still, zumal seit den letzten Jahren. Früher war schon das Geschäft etwas lebhafter.«

»Ist es denn nicht möglich, wenigstens etwas auf dem Zettel auszustreichen?« fragte die Alte noch einmal und streichelte dem Knechte die Backen. »Bloß drei Sachen, mein Jüngelchen, alles andere will ich, wenn es denn einmal sein muß, noch einmal machen.«

»Nein«, antwortete der Knecht, »das ist platterdings unmöglich. Entweder – oder!«

»Nehmt nur Euren Zettel wieder«, sagte darauf die alte Frau nach einigem Besinnen, »ich habe die Lust an Eurer dummen alten Mühle verloren!« und machte sich auf den Heimweg.

Als sie aber zu Hause ankam und die Leute sie verwundert ansahen und sagten: »Aber Mutter Klapprothen, Ihr kommt ja gerade so alt wieder, als Ihr fortgegangen seid! Es ist wohl nichts mit der Mühle?« hustete sie und antwortete: »O ja, es ist wohl etwas daran; aber ich hatte zu große Angst, und dann – was hat man denn an dem bißchen Leben? Du lieber Gott!«

Das Klapperstorch-Märchen

Wovon die Beine der Teckel so kurz sind, und daß sie sich dieselben abgelaufen haben, weiß jeder. Wie aber der Storch zu seinen langen Beinen gekommen ist, das ist eine ganz andere Geschichte.

Drei Tage nämlich, ehe der Storch ein kleines Kind bringt, klopft er mit seinem roten Schnabel an das Fenster der Leute, welche es bekommen sollen, und ruft:

»Schafft eine Wiege,
Ein' Schleier für Fliegen,
Ein buntes Röcklein,
Ein weißes Jäcklein,
Mützchen und Windel:
Bring' ein klein Kindel!«

Dann wissen die Leute, woran sie sind. Doch zuweilen, wenn er sehr viel zu tun hat, vergißt er es, und dann gibt's große Not, weil nichts fertig ist.

Bei zwei armen Leuten, welche im Dorf in einer kleinen Hütte wohnten, hatte es der Storch auch vergessen. Als er mit dem Kinde kam, war niemand zu Hause. Mann und Frau waren auf Feldarbeit gegangen und Türe und Fenster verschlossen; auch war nicht einmal eine Treppe vor dem Hause, auf die er es hätte legen können. Da flog er aufs Dach und klapperte so lange, bis das ganze Dorf zusammenlief und eine alte Frau eilends aufs Feld hinaussprang, um die Leute zu holen.

»Herr Nachbar, Frau Nachbarin! Herr Nachbar, Frau Nachbarin!« rief sie schon von weitem, ganz außer Atem, »um Gottes Willen!

Der Storch sitzt auf eurem Hause und will euch ein kleines Kind bringen. Niemand ist da, der ihm's Fenster aufmachen kann. Wenn ihr nicht bald kommt, läßt er's fallen, und 's gibt ein Unglück. Oben beim Müller hat er es vor drei Jahren auch fallen lassen, und das arme Wurm ist heute noch bucklig.«

Da liefen die beiden Hals über Kopf nach Haus und nahmen dem Storche das Kind ab. Wie sie es besahen, war es ein wunderhübscher kleiner Junge, und Mann und Frau waren vor Freude außer sich. Doch der Storch hatte sich über das lange Warten so geärgert, daß er sich vornahm, ganz bestimmt den beiden Leuten nie wieder ein Kind zu bringen. Als sie endlich kamen, sah er sie schon ganz schief und ärgerlich an, und während er fortflog, sagte er noch: »Heute wird's auch wieder spät werden, ehe ich zu meiner Frau Storchen in den Sumpf komme. Ich habe noch zwölf Kinder auszutragen, und es ist schon spät. Das Leben wird einem doch recht sauer!«

Doch die beiden Leute hatten in ihrer Herzensfreude es gar nicht bemerkt, daß sich der Storch so schwer geärgert. Eigentlich war er ja auch ganz allein daran schuld, daß er so lange hatte warten müssen, weil er es ihnen doch vergessen hatte, es ihnen vorher zu sagen. Wie nun das Kind wuchs und täglich hübscher wurde, sagte eines Tages die Frau:

»Wenn wir dem guten Storch, der uns das wunderhübsche Kind gebracht hat, nur irgend etwas schenken könnten, was ihm Spaß macht! Weißt du nichts? Mir will gar nichts einfallen!«

»Das wird schwerhalten«, erwiderte der Mann; »er hat schon alles!«

Am nächsten Morgen jedoch kam er zu seiner Frau und sagte zu ihr:

»Was meinst du, wenn ich dem Storch beim Tischler ein paar recht schöne Stelzen machen ließe? Er muß doch immer in den Sumpf, um Frösche zu fangen, und dann wieder in den großen Teich hinterm Dorf, aus dem er die kleinen Knaben herausholt. Da muß er doch sehr oft nasse Füße bekommen! Ich dächte auch, er hätte damals, als er zu uns kam, ganz heiser geklappert.«

»Das ist ein herrlicher Einfall!« entgegnete die Frau. »Aber der Tischler muß die Stelzen recht schön rot lackieren, damit sie zu seinem Schnabel passen!«

»So?« sagte der Mann; »meinst du wirklich rot? Ich hatte an Grün gedacht.«

»Aber, bester Schatz!« fiel die Frau ein, »wo denkst du hin? Ihr Männer wißt doch niemals, was zusammenpaßt und gut steht. Sie müssen unbedingt rot sein!«

Da nun der Mann sehr verständig war und stets auf seine Frau hörte, so bestellte er denn wirklich rote Stelzen, und als sie fertig waren, ging er an den Sumpf und brachte sie dem Storch.

Und der Storch war sehr erfreut, probierte sie gleich und sagte: »Eigentlich war ich auf euch recht böse, weil ihr mich damals so lange habt warten lassen. Weil ihr aber so gute Leute seid und mir die schönen roten Stelzen schenkt, so will ich euch auch noch ein kleines Mädchen bringen. Heute über vier Wochen werde ich kommen. Daß ihr mir dann aber auch hübsch zu Hause seid, und expreß es erst noch einmal ansagen werde ich nun nicht. Den Weg kann ich mir sparen! – Hörst du?«

»Nein, nein!« erwiderte der Mann. »Wir werden sicher zu Hause sein. Du sollst diesmal keinen Ärger davon haben.«

Als die vier Wochen um waren, kam richtig der Storch geflogen und brachte ein kleines Mädchen; das war noch hübscher als der kleine Junge, und war nun gerade das Pärchen voll. Auch blieben beide Kinder hübsch und gesund, und die Eltern auch, so daß es eine rechte Freude war. –

Nun wohnte aber im Dorf noch ein reicher Bauer, der besaß ebenfalls nur einen Knaben, und der war noch dazu ziemlich garstig, und der Bauer wünschte sich auch noch ein Mädchen dazu. Als er vernahm, wie es die armen Leute angefangen, dachte er bei sich, es könne ihm gar nicht fehlen. Er ging sofort zum Tischler und bestellte ebenfalls ein paar Stelzen, viel schöner wie die, welche die armen Leute hatten anfertigen lassen. Oben und unten mit goldenen Knöpfen und in der Mitte grün, gelb und blau geringelt. Als sie fertig waren, sahen sie in der Tat ungewöhnlich schön aus.

Darauf zog er sich seinen besten Rock an, nahm die Stelzen unter den Arm und ging hinaus an den Sumpf, wo er auch gleich den Storch fand.

»Ganz gehorsamer Diener, Euer Gnaden!« sagte er zu ihm und machte ein tiefes Kompliment.

»Meinst du mich?« fragte der Storch, der auf seinen schönen roten Stelzen behaglich im Wasser stand.

»Ich bin so frei!« erwiderte der Bauer.

»Nun, was willst du?«

»Ich möchte gern ein kleines Mädchen haben, und da hat sich meine Frau erlaubt, Euer Gnaden ein kleines Geschenk zu schicken. Ein Paar ganz bescheidene Stelzen.«

»Da mach nur, daß du wieder nach Hause kommst!« entgegnete der Storch, indem er sich auf einem Bein umdrehte und den Bauer gar nicht wieder ansah. »Ein kleines Mädchen kannst du nicht bekommen; und deine Stelzen brauche ich auch nicht! Ich habe schon zwei sehr schöne rote, und da ich meist nur eine auf einmal benutze, so werden sie wohl sehr lange vorhalten. – Außerdem sind ja deine

Stelzen ganz abscheulich häßlich. Pfui! blau, grün und gelb geringelt wie ein Hanswurst! Mit denen dürfte ich ja der Frau Storchen gar nicht unter die Augen kommen.«

Da mußte der Bauer mit seinen schönen Stelzen abziehen, und ein kleines Mädchen hat er sein Lebtag nicht bekommen.

Wie sich der Christoph und das Bärbel immer aneinander vorbeigewünscht haben

Das mag nun schon geraume Zeit her sein, dass einmal der liebe Gott – wie er es oft zu tun pflegte – sagte: »Du, Gabriel, mach einmal die Luke auf und 'guck runter! Ich glaube, es weint was!« Der Gabriel tat, wie ihm der liebe Gott befohlen, hielt sich die Hand vor die Augen, weil's blendete, sah überall umher und sagte endlich: »Da unten ist eine lange grüne Wiese; an dem einen Ende sitzt das Bärbel und hütet die Gänse und am andern der Christoph und hütet die Schweine, und weinen tun sie alle beide, dass einem das Herz im Leibe weh tut.« – »So?« sagte der liebe Gott; »geh weg, Langer, damit ich selbst zusehen kann.« (Dass der Engel Gabriel sehr lang ist, weiß jeder.)

Wie er nun selbst zugesehen hat, fand er es geradeso, wie es der Engel Gabriel gesagt.

Dass aber der Christoph und das Bärbel beide so kläglich weinten, hat sich so zugetragen: Der Christoph und das Bärbel hatten sich beide sehr lieb; denn eins hütete die Gänse, das andere die Schweine, und sie passten also gut zusammen, weil nämlich der Stand kein Hindernis machte. Sie nahmen sich denn vor, sie wollten sich heiraten, und meinten, dazu wär's gerade genug, dass sie sich so liebhätten. Aber die Herrschaft war anderer Meinung. So mussten sie sich denn mit dem Brautstande zufriedengeben. Weil aber Ordnung zu allen Dingen

nützt und das Küssen bei Brautleuten eine gar wichtige Sache ist, waren sie übereingekommen, dass sieben Küsse morgens und sieben Küsse abends eine gute Zahl wären.

Eine Zeitlang ist es denn auch ganz gut gegangen, und immer waren zur rechten Zeit die sieben richtig voll. Am Morgen aber des Tages, wo diese Geschichte sich zugetragen hat, eben da es zum siebenten Kusse kommen sollte, waren dem Bärbel seine Lieblingsgans und dem Christoph sein Lieblingsferkel wegen des Frühstücks uneinig geworden, also, dass sie sich gar hart anließen und beinahe schon zu Tätlichkeiten übergingen. Da mussten sie es, um den Streit zu schlichten, bei der falschen Zahl lassen. Wie nun beide nachher so einsam und weit voneinander am Wiesenrande saßen, fiel ihnen ein, dass es doch sehr schlimm sei, und fingen an zu weinen, und weinten immer noch, als der liebe Gott selbst zusah.

Der liebe Gott meinte anfangs, ihr Leid würde sich mit der Zeit wohl von selbst geben; als aber das Weinen immer ärger wurde und dem Christoph sein Lieblingsferkel und dem Bärbel seine Lieblingsgans auch schon begannen schier traurig zu werden und ganz sauertöpfische Gesichter zu machen, sprach er: »Ich will ihnen helfen! Was sie sich am heutigen Tage nur immer wünschen mögen, soll in Erfüllung gehen.«

Die zwei hatten aber nur einen Gedanken; denn wie so eins nach dem andern schaute und konnten sich doch nicht sehen, denn die Wies war lang und in der Mitte ein Busch, dachte der Christoph: Wenn ich doch drüben bei den Gänsen wäre! und das Bärbel seufzte: Ach, wäre ich doch bei den Schweinen!

Auf einmal nun saß der Christoph wirklich bei den Gänsen und das Bärbel bei den Schweinen; und doch waren sie wieder nicht beieinander, und die falsche Zahl konnte immer noch nicht richtig gemacht werden.

Da dachte der Christoph: Das Bärbel wird mich wohl haben besuchen wollen. Und das Bärbel dachte: Was gilt's, der Christoph ist andersrum zu mir 'rübergegangen! – Ach, wär' ich doch bei meinen Gänsen! – Ach, wär' ich doch bei meinen Schweinen!

Da saß nun wieder das Bärbel bei den Gänsen und der Christoph bei den Schweinen, und so ist es den ganzen Tag über immer umschichtig fortgegangen, weil sich die beiden stets aneinander vorbeigewünscht haben. So fehlt denn der siebente Morgenkuss des Tages heute noch. Der Christoph wollte ihn zwar selbigen Abends, als sie beide, todmüde gewünscht, nach Hause kamen, nachholen, aber das Bärbel meinte, es helfe nun doch nichts mehr, und die Unordnung sei nimmer wieder gutzumachen. –

Als aber der liebe Gott sah, dass sich die beiden immer so aneinander vorbeiwünschten, sprach er: »Da habe ich etwas Gutes angerichtet. Aber, was ich gesagt habe, habe ich gesagt! Dagegen kann nun weiter nichts helfen!« So hat er sich dann vorgenommen, nie wieder Liebesleuten ihre Wünsche so ohne weiteres in Erfüllung gehen zu lassen, sondern sich immer erst zu erkundigen, was sie denn eigentlich haben wollten. Später aber soll er einmal im Vertrauen zum Gabriel gesagt haben: es wäre doch recht schade, dass ihre Wünsche

so gar selten von der Art wären, dass er sie gewähren dürfe; und als ich mich vor langer, langer Zeit einmal in ähnlichen Angelegenheiten an ihn wandte, tat er gar nicht, als wenn er es hörte. Nachher erzählte mir der Gabriel diese Geschichte; da konnte ich mich freilich nicht mehr wundern.

Die Traumbuche

Hundert Jahre oder mehr ist's wohl her, daß der Blitz in sie einschlug und sie von oben bis unten auseinanderspellte, und ebensolange schon geht der Pflug über die Stätte; früher aber stand einige hundert Schritte vor dem ersten Hause des Dorfes auf dem grünen Rasenhügel eine alte mächtige Buche; so ein Baum, wie jetzt gar keine mehr wachsen, weil Tiere und Menschen, Pflanzen und Bäume immer kleiner und erbärmlicher werden. Die Bauern sagten, sie stamme noch aus der Heidenzeit und ein heiliger Apostel sei unter ihr von den falschen Heiden erschlagen worden. Da hätten die Wurzeln des Baumes Apostelblut getrunken, und wie es ihm in den Stamm und in die Äste gefahren, sei er davon so groß und kräftig geworden. Wer weiß, ob's wahr ist? Eine eigene Bewandtnis aber hatte es mit dem Baum; das wußte jeder, klein und groß im Dorf. Wer unter ihm einschlief und träumte, des Traum ging unabweislich in Erfüllung. Deshalb hieß er schon seit undenklichen Zeiten die Traumbuche, und niemand nannte ihn anders. Eine besondere Bedingung war jedoch dabei: wer sich zum Schlaf legte unter die Traumbuche, durfte nicht daran denken, was er wohl träumen würde. Tat er es doch, so träumte er nichts wie Krimskrams und verworrenes Zeug, aus dem kein vernünftiger Mensch klug werden konnte. Das war nun allerdings eine sehr schwere Bedingung, weil die meisten Menschen viel zu neugierig sind, und so mißlang es denn auch den allermeisten, die es versuchten; und zu der Zeit, wo die folgende Geschichte sich zutrug, war im Dorf wohl kein einziger, weder Mann noch Weib, dem's auch nur ein einziges Mal gelungen wäre. Aber seine Richtigkeit hatte es mit der Traumbuche, das war sicher. –

Eines heißen Sommertages also, da kein Lüftchen sich regte, kam auch einmal ein armer Handwerksbursche die Straße daher gewandert, dem war es in der Fremde viele Jahre hindurch weh und übel gegangen. Als er vor dem Dorfe anlangte, drehte er zum Überfluß noch einmal alle seine Taschen um, doch sie waren sämtlich leer. Was fängst du an? dachte er bei sich. Todmüde bist du; umsonst nimmt dich kein Wirt auf, und das Fechten ist ein beschwerliches Handwerk. Da erblickte er die herrliche Buche mit dem grünen Rasenhügel davor; und da sie nur wenige Schritte abseits vom Wege stand, legte er sich unter sie ins Gras, um etwas auszuruhen. Doch der Baum hatte ein seltsames Rauschen, und wie er seine Zweige leise bewegte, ließ er bald hier, bald da einen feinen glitzernden Sonnenstrahl durchfallen und bald hier, bald da ein Stückchen blauen Himmel durchscheinen: da fielen ihm die Augen zu, und er schlief ein.

Als er eingeschlafen war, warf die Buche einen Zweig mit drei Blättern herab, der fiel ihm gerade auf die Brust. Da träumte er, er säße in einer gar heimlichen Stube am Tisch, und der Tisch wäre sein, und die Stube auch, und ebenso das Haus. Und vor dem Tisch stände eine junge Frau, stützte sich mit beiden Händen auf den Tisch und sähe ihn gar freundlich an, und das wäre seine Frau. Und auf seinen Knien säße ein Kind, dem fütterte er seinen Brei, und weil er zu heiß wäre, bliese er immer auf den Löffel. Und da sagte die Frau: »Was du doch für eine gute Kindermuhme bist, Schatz!« und lachte darüber. In der Stube aber spränge noch ein anderes Kind herum, ein dicker, pausbäckiger Junge, und er hätte an eine große Mohrrübe einen Bindfaden gebunden und zöge sie hinter sich her und riefe immer hü und hott, als wär's der beste Fuchs. Und alle beide Kinder wären ebenfalls sein. So träumte er; und der Traum mußte ihm wohl sehr gefallen, denn er lachte im Schlaf übers ganze Gesicht.

Als er aufwachte, war es schon fast Abend geworden, und vor ihm stand der Schäfer mit seinen Schafen und strickte. Da sprang er erquickt auf, dehnte und reckte sich und sagte: »Lieber Himmel, wem's so wüchse! Es ist aber doch hübsch, daß man nun wenigstens weiß, wie's ist.« Da trat der Schäfer an ihn heran und fragte ihn, woher er käme und wohin er wollte und ob er schon etwas von dem Baume gehört habe. Nachdem er sich überzeugt, daß er so unschuldig war wie ein neugeborenes Kind, rief er aus: »Ihr seid ein Glückspilz! Denn daß Ihr etwas Gutes geträumt habt, war ja doch auf Eurem Gesicht zu lesen; habe ich Euch doch schon lange betrachtet, wie Ihr so dalagt!« Darauf erzählte er ihm, was es für eine Bewandtnis mit dem Baume habe: »Was Ihr geträumt habt, geht in Erfüllung; das ist so sicher als wie, daß das hier ein Schaf und das dort ein Bock ist. Fragt nur die Leute im Dorf, ob ich nicht recht habe! Nun sagt aber auch einmal, was Ihr geträumt habt!« »Alterchen«, erwiderte der Handwerksbursche schmunzelnd, »so fragt man die Bauern aus. Meinen schönen Traum behalte ich für mich; das könnt Ihr mir nun schon gar nicht verdenken. Aber daraus werden tut doch nichts!« Und das sagte er nicht bloß so, sondern es war sein Ernst; denn als er nun auf das Dorf zuging, sprach er vor sich hin: »Papperlapapp, Schäferschnack! Möchte wohl wissen, wo der Baum die Wissenschaft herhaben sollte.«

Als er in das Dorf kam, ragte am dritten Haus vom Giebel eine lange Stange heraus, an der hing eine goldene Krone, und unten vor der Haustüre stand der Kronenwirt. Der war gerade sehr guter Laune, denn er hatte schon zur Nacht gegessen und war rundherum satt, und das war seine beste Stunde. Da zog er höflich den Hut und fragte, ob er ihn nicht um einen Gotteslohn zur Nacht behalten wolle. Der Kronenwirt besah sich den schmucken Burschen in seinen staubigen, abgerissenen Kleidern von oben bis unten. Dann nickte er freundlich und sagte: »Setz dich nur gleich hier in die Laube neben die Tür; es wird wohl noch ein Stück Brot und ein Krug Wein übriggeblieben sein. Unterdessen können sie dir eine Streu machen.« Darauf ging er hinein und schickte seine Tochter, die brachte Brot und Wein, setzte sich zu ihm und ließ sich erzählen, wie es in der Fremde aussähe. Dann erzählte sie ihm auch wieder alles, was sie wußte, aus dem Dorf: wie der Weizen stände, und daß des Nachbars Frau Zwillinge bekommen hätte, und wann das nächste Mal in der Krone zu Tanz gespielt würde.

Auf einmal aber stand sie auf, bog sich zu dem Handwerksburschen über den Tisch hinüber und sagte: »Was hast du denn da für drei Blätter am Latz?« Da sah der Handwerksbursche hin und fand den Zweig mit den drei Blättern, der während des Schlafes auf ihn herabgefallen war. Er stak ihm gerade im Latz. »Die müssen von der großen Buche dicht vorm Dorfe sein«, erwiderte er, »unter der ich einen kleinen Nick gemacht habe.«

Da horchte das Mädchen neugierig auf und wartete, was er wohl weiter sagen würde. Als er schwieg, begann sie ihn gar vorsichtig auszukundschaften, bis sie sicher war, daß er wirklich unter der Traumbuche geschlafen; und dann ging sie so lange wie die Katze um den heißen Brei, bis sie sich überzeugt zu haben glaubte, daß er nichts von der sonderbaren Kraft und Eigenschaft der Traumbuche wisse; denn er war ein Schalk und tat so, als wüßte er gar nichts. Als sie auch damit fertig war, holte sie noch einen Krug Wein, sprach ihm freundlich zu, daß er noch trinken möge, und erzählte ihm alles Mögliche, was sie geträumt hätte und wie es doch gar schade wäre, daß nie etwas in Erfüllung ginge.

Indem kam der Schäfer vom Felde zurück und trieb die Schafe durch die Dorfstraße. Als er an der Krone vorbeikam und das Mädchen mit dem Handwerksburschen in eifrigem Gespräch in der Laube sitzen sah, blieb er einen Augenblick stehen und sagte: »Ja, ja, Euch wird er schon den hübschen Traum erzählen; mir will er nichts sagen!« Darauf trieb er seine Schafe weiter.

Da ward das Mädchen noch neugieriger, und wie er immer noch nichts von seinem Traume sagte, konnte sie es nicht mehr verwinden und fragte ihn ganz offen, was er denn, während er unter der Buche geschlafen, geträumt habe.

Da machte der Handwerksbursche, der ein arger Schalk und durch den schönen Traum übermütig fröhlich gestimmte war, ein schlaues Gesicht, zwinkerte mit den Augen und sagte: »Einen herrlichen Traum habe ich gehabt, das muß wahr sein; aber ich getraue mich nicht zu sagen, wie er war.« Aber sie drang immer weiter in ihn und quälte, er möchte es doch sagen. Da rückte er ganz nahe an sie heran und sagte ernsthaft: »Denkt nur, mir hat geträumt, ich würde noch einmal des Kronenwirts Töchterlein heiraten und später selbst Kronenwirt werden!«

Da wurde das Mädchen erst kreideweiß und dann purpurrot und ging ins Haus. Nach einer Weile kam sie wieder und fragte, ob er das wirklich geträumt habe und es sein Ernst sei.

»Gewiß, gewiß«, sagte er, »gerade wie Ihr sah die aus, die mir im Traum erschienen ist!« Da ging das Mädchen abermals ins Haus und kam nicht wieder. Sie ging in ihre Kammer, und die Gedanken liefen ihr übers Herz wie Wasser übers Wehr: immer neue und immer andere, und immer wieder dieselben, so, daß es gar kein Ende hatte. »Er weiß nichts von dem Baume«, sagte sie. »Er hat's geträumt. Ich mag wollen oder nicht, es wird schon so kommen. Es ist nichts daran zu ändern.« Darauf legte sie sich zu Bett, und die ganze Nacht träumte sie von dem Handwerksburschen. Als sie am anderen Morgen aufwachte, kannte sie sein Gesicht ganz auswendig, so oft hatte sie es über Nacht im Traum gesehen – und ein schmucker Bursche war's, das ist wahr.

Der Handwerksbursche aber hatte auf seiner Streu wundervoll geschlafen; Traumbuche, Traum und was er am Abend zu der Wirtstochter gesagt, längst vergessen. Er stand in der Wirtsstube an der Tür und wollte eben dem Kronenwirt die Hand reichen zum

Abschied. Da trat sie herein, und wie sie ihn reisefertig dastehen sah, überfiel sie eine sonderbare Angst, als dürfe sie ihn nicht fortlassen. »Vater«, sagte sie, »der Wein ist immer noch nicht gezapft, und der junge Bursch hat nichts zu tun; könnte er einen Tag hierbleiben, so möchte er sich seine Zeche verdienen und ein Stückchen Reisegeld obendrein.« Und der Kronenwirt hatte nichts dagegen, denn er hatte schon seinen Morgentrunk gemacht und gefrühstückt und war so satt, so daß es seine beste Stunde war.

Doch das Zapfen ging sehr langsam, und das Mädchen hatte immer dies oder jenes, weshalb der Handwerksbursche einmal aus dem Keller heraufgeholt werden mußte. Als das Faß endlich leer und die Flaschen gefüllt waren, meinte sie, es wäre doch ganz gut, wenn er erst noch etwas im Feld hülfe; und als er damit auch fertig war, fand sich noch mancherlei im Garten zu tun, woran vorher niemand gedacht hatte. So verging Woche um Woche, und jedwede Nacht träumte sie von ihm. Am Abend aber saß sie mit ihm in der Laube vor dem Haus, und wenn er erzählte, wie es ihm weh und übel unter den fremden Leuten ergangen sei, kam ihr immer eine Schnake ins Auge oder ein Haar, so daß sie sich die Augen mit der Schürze reiben mußte.

Und nach einem Jahr war der Handwerksbursche immer noch im Hause; und alles war gescheuert, weißer Sand in allen Zimmern gestreut und darauf kleine grüne Tannenzweige, und das ganze Dorf hielt Feiertag. Denn der junge Handwerksbursch hielt Hochzeit mit dem Kronenwirtskind, und alle Leute freuten sich; und wer sich nicht freute, weil er ein Neidhammel war, der tat wenigstens so.

Bald darauf hatte der Kronenwirt auch wieder einmal seine beste Stunde, weil er nämlich rundherum satt war, und saß, die Tabaksdose auf dem Schoß, im Lehnstuhl und schlief. Als er gar nicht wieder erwachte, wollten sie ihn wecken; da war er tot – mausetot. Da war nun der junge Handwerksbursch wirklich Kronenwirt, wie er es im Scherze gesagt, und sonst traf alles ein, wie er es unter der

Buche geträumt. Denn sehr bald hatte er auch zwei Kinder, und wahrscheinlich nahm er auch einmal das eine von ihnen auf den Schoß und fütterte es und blies dabei auf den Löffel, und sicher fuhr gleichzeitig der andere Knabe mit der Mohrrübe im Zimmer umher, obwohl der, von dem ich diese Geschichte weiß, mir es nicht gesagt hat und ich es selbst vergessen habe, ihn expreß danach zu fragen. Aber es wird schon so gewesen sein, weil das, was man unter der Traumbuche träumte, stets aufs Haar eintraf.

Eines Tages nun, es mochten wohl an die vier Jahre seit der Hochzeit verflossen sein, saß der junge Kronenwirt – denn das war er ja jetzt – auch einmal in der Wirtsstube. Da kam seine Frau herein, stellte sich vor ihn hin und sagte: »Denke dir, gestern unter Mittag

ist einer von unsern Mähern unter der Traumbuche eingeschlafen und hat nicht daran gedacht. Weißt du, was er geträumt hat? Er hat geträumt, er wäre steinreich. Und wer ist's? Der alte Kaspar, der so dumm ist, daß er einen dauert, und den wir nur aus Mitleid behalten. Was der wohl mit dem vielen Gelde anfangen wird?«

Da lachte der Mann und sagte: »Wie kannst du nur an das dumme Zeug glauben und bist sonst eine so kluge Frau? Überlege dir doch selbst, ob ein Baum, und wenn er noch so schön und alt ist, die Zukunft wissen kann.«

Da sah die Frau ihren Mann mit großen Augen an, schüttelte den Kopf und sprach ernsthaft: »Mann, versündige dich nicht! Über solche Dinge soll man nicht scherzen.«

»Ich scherze nicht, Frau!« erwiderte der Mann.

Darauf schwieg die Frau wieder eine Weile, als wenn sie ihn nicht recht verstünde, und sagte dann: »Wozu das nur alles ist! Ich dächte, du hättest alle Ursache, dem alten heiligen Baume dankbar zu sein. Ist nicht alles so eingetroffen, wie du es geträumt?«

Als sie dies gesagt, machte der Mann das freundlichste Gesicht der Welt und entgegnete: »Gott weiß es, daß ich dankbar bin, Gott und dir. Ja, ein schöner Traum war's! Ist mir's doch, als wenn es erst gestern gewesen wäre, so genau erinnere ich mich noch daran. Und doch ist alles noch tausendmal schöner geworden, als ich es geträumt; und du bist auch noch tausendmal lieber und hübscher als die junge Frau, die mir damals im Traume erschienen war.«

Und die Frau sah ihn wieder mit großen Augen an; darauf fuhr er fort: »Was nun aber den Baum anbelangt und den Traum, Herzensschatz, so denke ich: wer gern tanzt, dem ist leicht gepfiffen; und: wie man in den Wald schreit, so schallt es wieder heraus. War es mir die vielen Jahre weh und übel gegangen, so war's wohl kein Wunder, wenn ich auch einmal von was Liebem träumte.«

»Daß du aber gerade geträumt hast, du würdest mich heiraten!«

»Das hab' ich nie geträumt! Bloß eine junge Frau sah ich mit zwei Kindern, und sie war lange nicht so hübsch wie du und die Kinder auch nicht.«

»Pfui«, erwiderte die Frau. »Willst du mich verleugnen oder den Baum? Hast du mir nicht am ersten Tag, wo wir uns sahen – es war schon Abend und draußen in der Laube –, hast du mir da nicht gleich gesagt, du hättest geträumt, du würdest mich heiraten und Kronenwirt werden?«

Da fiel dem Manne zum ersten Male wieder der Scherz ein, den er sich damals mit seiner jetzigen Frau erlaubt hatte, und er sagte: »Es kann nichts helfen, liebe Frau! Ich habe wirklich damals nicht von dir geträumt; und wenn ich es gesagt, so war es nur ein Scherz. Du warst so neugierig; da wollte ich dich necken!«

Da brach die Frau in heftiges Weinen aus und ging hinaus. Nach einer Weile ging er ihr nach. Sie stand im Hof am Brunnen und weinte immer noch. Er versuchte sie zu trösten, doch vergeblich.

»Du hast mir meine Liebe gestohlen und mich um mein Herz betrogen!« sagte sie. »Ich werde nie wieder froh werden!«

Da fragte er sie, ob sie ihn denn nicht liebhätte, so lieb wie keinen andern Menschen auf der Welt, und ob sie nicht zufrieden und glücklich miteinander gelebt hätten wie niemand weiter im Dorf. Sie mußte alles zugeben, aber sie blieb traurig wie zuvor, trotz allem Zureden.

Da dachte er: Laß sie ausweinen! Über Nacht kommen andere Gedanken; morgen ist sie die alte. Doch er täuschte sich; denn am andern Morgen weinte die Frau zwar nicht mehr, aber sie war ernst und traurig und ging ihrem Mann aus dem Wege. Jeder Versuch, sie zu trösten, scheiterte wie am Abend zuvor. Den größten Teil des Tages saß sie in einer Ecke und grübelte, und wenn ihr Mann hereintrat, schrak sie zusammen.

Als dies mehrere Tage gedauert, ohne daß eine Änderung eintrat, befiel auch ihn eine große Traurigkeit; denn er fürchtete, er hätte die Liebe seiner Frau auf immer verloren. Er ging still im Hause umher und sann auf Abhilfe, doch es wollte ihm nichts einfallen. Da ging er eines Mittags zum Dorfe hinaus und schlenderte durchs Feld. Es war ein heißer Julitag; keine Wolke am Himmel. Die reife Saat wogte wie ein goldner See, und die Vögel sangen; doch sein Herz war voller Bekümmernis. Da sah er von fern die alte Traumbuche stehen: wie eine Königin der Bäume ragte sie hoch in den Himmel hinein. Es kam ihm vor, als wenn sie ihm mit ihren grünen Zweigen zuwinkte und wie eine alte Freundin zu sich riefe. Er ging hin und setzte sich unter sie und dachte an die vergangene Zeit. Fünf Jahre waren ziemlich genau verflossen, seit er als ein armer Teufel zum ersten Male unter ihr geruht und so schön geträumt hatte. Ach so wunderschön! Und der Traum hatte fünf Jahre gedauert. – Und nun? Alles vorbei! Alles vorbei? Auf immer? –

Da fing die Buche wieder zu rauschen an, wie vor fünf Jahren, und bewegte ihre mächtigen Zweige. Und wie sie dieselben bewegte, ließ sie wie damals bald hier, bald dort einen feinen glitzernden Sonnenstrahl durchfallen und bald hier, bald da ein Stückchen blauen Himmel durchscheinen. Da wurde sein Herz stiller, und er schlief ein; denn er hatte vor Sorge die vorhergehenden Nächte nicht geschlafen. Und nicht lange, so träumte er denselben Traum wie vor fünf Jahren, und die Frau am Tisch und die spielenden Kinder hatten die alten, lieben Gesichter von seiner Frau und von seinen Kindern. Und die Frau sah ihn so freundlich an – ach, so freundlich.

Da wachte er auf, und als er sah, daß es nur ein Traum war, ward er noch trauriger. Er brach sich einen grünen Zweig ab von der Buche, ging nach Haus und legte ihn ins Gesangbuch. Als die Frau am nächsten Tage – es war gerade Sonntag – in die Kirche gehen wollte, fiel der Zweig heraus. Da wurde der Mann, der danebenstand, rot, bückte sich und wollte ihn in die Tasche stecken. Doch die Frau sah es und fragte, was es für ein Blatt sein.

»Es ist von der Traumbuche; sie meint es besser mit mir wie du!« erwiderte der Mann. »Denn als ich gestern draußen war und unter ihr saß, schlief ich ein. Da wollte sie mich wohl trösten; denn mir träumte, du wärest wieder gut und hättest alle vergessen. Aber es ist nicht wahr! Es ist nichts mit der alten guten Buche. Ein schöner herrlicher Baum ist sie schon, aber von der Zukunft weiß sie nichts.«

Da starrte ihn die Frau an, und dann ging es wie ein Sonnenschein über ihr Gesicht: »Mann, hast du das wirklich geträumt?«

»Ja!« entgegnete er fest, und sie merkte, daß es die Wahrheit war; denn er zuckte mit dem Gesicht, weil er nicht weinen wollte.

»Und ich war wirklich deine Frau?«

Als er auch dies bejahte, fiel ihm die Frau um den Hals und küßte ihn so oft, daß er sich ihrer gar nicht erwehren konnte. »Gelobt sei Gott«, sagte sie, »nun ist alles wieder gut! Ich habe dich ja so lieb –so lieb, wie du es gar nicht weißt! Und ich habe die Tage solche Angst gehabt, ob ich dich denn auch wirklich liebhaben dürfte, und ob mir nicht Gott eigentlich einen anderen Mann bestimmt hatte. Denn mein Herz gestohlen hast du mir doch, du böser Mann, und ein bißchen Betrug war doch dabei! – Ja, gestohlen hast du mir's; aber nun weiß ich doch, daß es dir nichts geholfen hat und daß es auch ohnedem so gekommen wäre.« Darauf schwieg sie eine Weile und fuhr dann fort:

»Nicht wahr, du sprichst nie wieder schlecht von der Traumbuche?«

»Nein, niemals; denn ich glaube an sie; vielleicht etwas anders wie du, aber darum doch nicht weniger fest. Verlaß dich darauf! Und den Zweig wollen wir vorn ins Gesangbuch heften, damit er nicht verlorengeht.«

Das kleine bucklige Mädchen

Es war einmal eine Frau, die hatte ein einziges Töchterchen, das war sehr klein und blaß und wohl etwas anders wie andre Kinder. Denn wenn die Frau mit ihm ausging, blieben oft die Leute stehen, sahen dem Kinde nach und raunten sich etwas zu. Wenn dann das kleine Mädchen seine Mutter fragte, weshalb die Leute es so sonderbar ansähen, entgegnete die Mutter jedesmal: "Weil du ein so wunderschönes, neues Kleidchen anhast." Darauf gab sich die Kleine zufrieden. Kamen sie jedoch nach Hause zurück, so nahm die Mutter ihr Töchterchen auf die Arme, küßte es wieder und immer wieder und sagte: "Du lieber, süßer Herzensengel, was soll aus dir werden, wenn ich einmal tot bin? Kein Mensch weiß es, was du für ein lieber Engel bist; nicht einmal dein Vater!"

Nach einiger Zeit wurde die Mutter plötzlich krank, und am neunten Tage starb sie. Da warf sich der Vater des kleinen Mädchens verzweifelt auf das Totenbett und wollte sich mit seiner Frau begraben lassen. Seine Freunde jedoch redeten ihm zu und trösteten ihn; da ließ er es, und nach einem Jahre nahm er sich eine andere Frau, schöner, jünger und reicher als die erste, aber so gut war sie lange nicht. Und das kleine Mädchen hatte die ganze Zeit, seit seine Mutter gestorben war, jeden Tag von früh bis Abend in der Stube auf dem Fensterbrett gesessen; denn es fand sich niemand, der mit ihm ausgehen wollte. Es war noch blässer geworden, und gewachsen war es in dem letzten Jahre gar nicht.

Als nun die neue Mutter ins Haus kam, dachte es: "Jetzt wirst du wieder Spazierengehen, vor die Stadt, im lustigen Sonnenschein auf den hübschen Wegen, an denen die schönen Sträuche und Blumen stehen und wo die vielen geputzten Menschen sind." Denn es wohnte in einem kleinen, engen Gäßchen, in welches die Sonne nur selten hineinschien; und wenn man auf dem Fensterbrette saß, sah man nur ein Stückchen blauen Himmel, so groß wie ein Taschentuch. Die neue Mutter ging auch jeden Tag aus, vormittags und nachmittags. Dazu zog sie jedesmal ein wunderschönes buntes Kleid an, viel schöner, als die alte Mutter je eins besessen hatte. Doch das kleine Mädchen nahm sie nie mit sich.

Da faßte sich das letztere endlich ein Herz, und eines Tages bat es sie recht inständig, sie möchte es doch mitnehmen. Allein die neue Mutter schlug es ihr rund ab, indem sie sagte: "Du bist wohl nicht recht gescheit! Was sollen wohl die Leute denken, wenn ich mich mit dir sehen lasse? Du bist ja ganz bucklig. Bucklige Kinder gehen nie spazieren, die bleiben immer zu Hause."

Darauf wurde das kleine Mädchen ganz still, und sobald die neue Mutter das Haus verlassen, stellte es sich auf einen Stuhl und besah sich im Spiegel; und wirklich, es war bucklig, sehr bucklig! Da setzte es sich wieder auf sein Fensterbrett und sah hinab auf die Straße und dachte an seine gute alte Mutter, die es doch jeden Tag mitgenommen hatte. Dann dachte es wieder an seinen Buckel:

"Was nur da drin ist?" sagte es zu sich selbst, "es muß doch etwas in so einem Buckel drin sein."

Und der Sommer verging, und als der Winter kam, war das kleine Mädchen noch blässer und so schwach geworden, daß es sich gar nicht mehr auf das Fensterbrett setzen konnte, sondern stets im

Bett liegen mußte. Und als die Schneeglöckchen ihre ersten grünen Spitzchen aus der Erde hervorstreckten, kam eines Nachts die alte, gute Mutter zu ihm und erzählte ihm, wie golden und herrlich es im Himmel aussähe.

Am andern Morgen war das kleine Mädchen tot.

"Weine nicht, Mann!" sagte die neue Mutter; "es ist für das arme Kind so am besten!" Und der Mann erwiderte kein Wort, sondern nickte stumm mit dem Kopfe. Als nun das kleine Mädchen begraben war, kam ein Engel mit großen, weißen Schwanenflügeln vom Himmel herabgeflogen, setzte sich neben das Grab und klopfte daran, als wenn es eine Türe wäre. Alsbald kam das kleine Mädchen aus dem Grabe hervor, und der Engel erzählte ihm, er sei gekommen, um es zu seiner Mutter in den Himmel zu holen. Da fragte das kleine Mädchen schüchtern, ob denn bucklige Kinder auch in den Himmel kämen. Es könne sich das gar nicht vorstellen, weil es doch im Himmel so schön und vornehm wäre.

Jedoch der Engel erwiderte: "Du gutes, liebes Kind, du bist ja gar nicht mehr bucklig!" und berührte ihm den Rücken mit seiner weißen Hand. Da fiel der alte garstige Buckel ab wie eine große hohle Schale. Und was war darin?

Zwei herrliche, weiße Engelflügel! Die spannte es aus, als wenn es schon immer fliegen gekonnt hätte, und flog mit dem Engel durch den blitzenden Sonnenschein in den blauen Himmel hinauf. Auf dem höchsten Platze im Himmel aber saß seine gute, alte Mutter und breitete ihm die Arme entgegen. Der flog es gerade auf den Schoß.

Der kleine Vogel

Ein Mann und eine Frau wohnten in einem hübschen kleinen Hause, und es fehlte ihnen nichts zu ihrer vollen Glückseligkeit. Hinter dem Hause war ein Garten mit schönen alten Bäumen, in dem die Frau die seltensten Pflanzen und Blumen zog. Eines Tages ging der Mann im Garten spazieren, freute sich über die herrlichen Gerüche, welche die Blumen ausströmten, und dachte bei sich selbst: "Was du doch für ein glücklicher Mensch bist und für eine gute, hübsche, geschickte Frau hast!" Wie er das so bei sich dachte, da bewegte sich etwas zu seinen Füßen.

Der Mann, der sehr kurzsichtig war, bückte sich und entdeckte einen kleinen Vogel, der wahrscheinlich aus dem Neste gefallen war und noch nicht fliegen konnte.

Er hob ihn auf, besah ihn sich und trug ihn zu seiner Frau. "Herzensfrau", rief er ihr zu, "ich habe einen kleinen Vogel gefangen; ich glaube, es wird eine Nachtigall!"

"Lieber gar!" antwortete die Frau, ohne den Vogel auch nur anzusehen; "wie soll eine junge Nachtigall in unseren Garten kommen? Es nisten ja keine alten drin."

"Du kannst dich darauf verlassen, es ist eine Nachtigall! Übrigens habe ich schon einmal eine in unserem Garten schlagen hören. Das wird herrlich, wenn sie groß wird und zu singen beginnt! Ich höre die Nachtigallen so gern!"

"Es ist doch keine!" wiederholte die Frau, indem sie immer noch nicht aufsah; denn sie war gerade mit ihrem Strickstrumpfe beschäftigt, und es war ihr eine Masche heruntergefallen.

"Doch, doch!" sagte der Mann, "ich sehe es jetzt ganz genau!" und hielt sich den Vogel dicht an die Nase.

Da trat die Frau heran, lachte laut und rief: "Männchen, es ist ja bloß ein Spatz!"

"Frau", entgegnete hierauf der Mann und wurde schon etwas heftig, "wie kannst du denken, daß ich eine Nachtigall gerade mit dem Allergemeinsten verwechseln werde, was es gibt! Du verstehst gar nichts von Naturgeschichte, und ich habe als Knabe eine Schmetterlings- und eine Käfersammlung gehabt."

"Aber, Mann, ich bitte dich, hat denn wohl eine Nachtigall einen so breiten Schnabel und einen so dicken Kopf?"

"Jawohl, das hat sie; und es ist eine Nachtigall!"

"Ich sage dir aber, es ist keine; höre doch, wie er piepst!"

"Kleine Nachtigallen piepsen auch."

Und so ging es fort, bis sie sich ganz ernstlich zankten. Zuletzt ging der Mann ärgerlich aus der Stube und holte einen kleinen Käfig.

"Daß du mir das eklige Tier nicht in die Stube setzt!" rief ihm die Frau entgegen, als er noch in der Türe stand. "Ich will es nicht haben!"

"Ich werde doch sehen, ob ich noch Herr im Hause bin!" antwortete der Mann, tat den Vogel in den Käfig, ließ Ameiseneier holen und fütterte ihn - und der kleine Vogel ließ sich's gut schmecken.

Beim Abendessen aber saßen der Mann und die Frau jeder an einer Tischecke und sprachen kein Wort miteinander.

Am nächsten Morgen trat die Frau schon ganz früh an das Bett ihres Mannes und sagte ernsthaft: "Lieber Mann, du bist gestern recht unvernünftig und gegen mich sehr unfreundlich gewesen. Ich habe mir eben den kleinen Vogel noch einmal besehen. Es ist ganz sicher ein junger Spatz; erlaube, daß ich ihn fortlasse."

"Daß du mir die Nachtigall nicht anrührst!" rief der Mann wütend und würdigte seine Frau keines Blickes.

So vergingen vierzehn Tage. Aus dem kleinen Häuschen schienen Glück und Friede auf immer gewichen zu sein. Der Mann brummte, und wenn die Frau nicht brummte, weinte sie. Nur der kleine Vogel wurde bei seinen Ameiseneiern immer größer, und seine

Federn wuchsen zusehends, als wenn er bald flügge werden wollte. Er hüpfte im Käfig umher, setzte sich in den Sand auf dem Boden des Käfigs, zog den Kopf ein und plusterte die Federn auf, indem er sich schüttelte, und piepste und piepste - wie ein richtiger junger Spatz. Und jedesmal, wenn er piepste, fuhr es der Frau wie ein Dolchstich durchs Herz. -

Eines Tages war der Mann ausgegangen, und die Frau saß weinend allein im Zimmer und dachte darüber nach, wie glücklich sie doch mit ihrem Manne gelebt habe; wie vergnügt sie von früh bis zum Abend gewesen seien und wie ihr Mann sie geliebt - und wie nun alles, alles aus sei, seit der verwünschte Vogel ins Haus gekommen.

Plötzlich sprang sie auf, wie jemand, der einen raschen Entschluß faßt, nahm den Vogel aus dem Käfig und ließ ihn zum Fenster in den Garten hinaushüpfen.

Gleich darauf kam der Mann.

"Lieber Mann", sagte die Frau, indem sie nicht wagte, ihn anzusehen, "es ist ein Unglück passiert; den kleinen Vogel hat die Katze gefressen."

"Die Katze gefressen?" wiederholte der Mann, indem er starr vor Entsetzen wurde; "die Katze gefressen? Du lügst! Du hast die Nachtigall absichtlich fortgelassen! Das hätte ich dir nie zugetraut. Du bist eine schlechte Frau. Nun ist es für ewig mit unserer Freundschaft aus!" Dabei wurde er ganz blaß, und es traten ihm die Tränen in die Augen.

Wie dies die Frau sah, wurde sie auf einmal inne, daß sie doch ein recht großes Unrecht getan habe, den Vogel fortzulassen, und laut weinend eilte sie in den Garten, um zu sehen, ob sie ihn vielleicht dort noch fände und haschen könnte. Und richtig, mitten auf dem Wege hüpfte und flatterte das Vögelchen; denn es konnte immer noch nicht ordentlich fliegen.

Da stürzte die Frau auf dasselbe zu, um es zu fangen, aber das Vögelchen huschte ins Beet und vom Beet in einen Busch und von diesem wieder unter einen anderen, und die Frau stürzte in ihrer

Herzensangst hinter ihm her. Sie zertrat die Beete und Blumen, ohne im geringsten darauf zu achten, und jagte sich wohl eine halbe Stunde lang mit dem Vogel im Garten herum. Endlich erhaschte sie ihn, und purpurrot im Gesicht und mit ganz verwildertem Haar kam sie in die Stube zurück. Ihre Augen funkelten vor Freude, und ihr

Herz klopfte heftig.

"Goldner Mann", sagte sie, "ich habe die Nachtigall wieder gefangen. Sei nicht mehr böse; es war recht häßlich von mir!"

Da sah der Mann seine Frau zum ersten Male wieder freundlich an, und wie er sie ansah, meinte er, daß sie noch nie so hübsch gewesen wäre wie in diesem Augenblicke. Er nahm ihr den kleinen Vogel aus der Hand, hielt ihn sich wieder dicht vor die Nase, besah ihn sich von allen Seiten, schüttelte den Kopf und sagte dann: "Kindchen, du hattest doch recht! Jetzt sehe ich's erst; es ist wirklich nur ein Spatz. Es ist doch merkwürdig, wie sehr man sich täuschen kann."

"Männchen", erwiderte die Frau, "du sagst mir das bloß zuliebe. Heute sieht mir der Vogel wirklich selbst ganz wie eine Nachtigall aus."

"Nein, nein!" fiel ihr der Mann ins Wort, indem er den Vogel noch einmal besah und laut lachte, "es ist ein ganz

gewöhnlicher - Gelbschnabel." Dann gab er seiner Frau einen herzhaften Kuß und fuhr fort: "Trag ihn wieder in

den Garten und laß den dummen Spatz, der uns vierzehn Tage lang so unglücklich gemacht hat, fliegen."

"Nein", entgegnete die Frau, "das wäre grausam! Er ist noch nicht recht flügge, und die Katze könnte ihn wirklich kriegen. Wir

wollen ihn noch einige Tage füttern, bis ihm die Federn noch mehr gewachsen sind, und dann - dann wollen wir ihn fliegen lassen!" -

Die Moral von der Geschichte aber ist: wenn jemand einen Spatz gefangen hat und denkt, es sei eine Nachtigall - sag's ihm beileibe nicht; denn er nimmt's sonst übel, und später wird er's gewiß von selbst merken.

Die himmlische Musik

Als noch das goldene Zeitalter war, wo die Engel mit den Bauernkindern auf den Sandhaufen spielten, standen die Tore des Himmels weit offen, und der goldene Himmelsglanz fiel aus ihnen wie ein Regen auf die Erde herab. Die Menschen sahen von der Erde in den offenen Himmel hinein; sie sahen oben die Seligen zwischen den Sternen spazierengehen, und die Menschen grüßten hinauf, und die Seligen grüßten herunter. Das Schönste aber war die wundervolle Musik, die damals aus dem Himmel sich hören ließ. Der liebe Gott hatte dazu die Noten selber aufgeschrieben, und tausend Engel führten sie mit Geigen, Pauken und Trompeten auf. Wenn sie zu ertönen begann, wurde es ganz still auf der Erde. Der Wind hörte auf zu rauschen, und die Wasser im Meer und in den Flüssen standen still. Die Menschen aber nickten sich zu und drückten sich heimlich die Hände. Es wurde ihnen beim Lauschen so wunderbar

zumut, wie man das jetzt einem armen Menschenherzen gar nicht beschreiben kann. –

So war es damals; aber es dauerte nicht lange. Denn eines Tages ließ der liebe Gott zur Strafe die Himmelstore zumachen und sagte zu den Engeln: »Hört auf mit eurer Musik; denn ich bin traurig!« Da wurden die Engel auch betrübt und setzten sich jeder mit seinem Notenblatt auf eine Wolke und zerschnitzelten die Notenblätter mit ihren kleinen goldenen Scheren in lauter einzelne Stückchen; die ließen sie auf die Erde hinunterfliegen. Hier nahm sie der Wind, wehte sie wie Schneeflocken über Berg und Tal und zerstreute sie in alle Welt. Und die Menschenkinder haschten sich jeder ein Schnitzel, der eine ein großes und der andere ein kleines, und hoben sie sich sorgfältig auf und hielten die Schnitzel sehr wert; denn es war ja etwas von der himmlischen Musik, die so wundervoll geklungen hatte. Aber mit der Zeit begannen sie sich zu streiten und zu entzweien, weil jeder glaubte, er hätte das Beste erwischt; und zuletzt behauptete jeder, das, was er hätte, wäre die eigentliche himmlische Musik, und das, was die anderen besäßen, wäre eitel Trug und Schein. Wer recht klug sein wollte – und deren waren viele –, machte noch hinten und vorn einen großen Schnörkel daran und bildete sich etwas ganz Besonderes darauf ein. Der eine pfiff a und der andere sang b; der eine spielte in Moll und der andere in Dur; keiner konnte den andern verstehen. Kurz, es war ein Lärm wie in einer Judenschule. – So steht es noch heute. –

Wenn aber der Jüngste Tag kommen wird, wo die Sterne auf die Erde fallen und die Sonne ins Meer und die Menschen sich an der Himmelspforte drängen wie die Kinder zu Weihnachten, wenn aufgemacht wird – da wird der liebe Gott durch die Engel alle die Papierschnitzel von seinem himmlischen Notenbuche wieder einsammeln lassen, die großen ebensowohl wie die kleinen, und selbst die ganz kleinen, auf denen nur eine einzige Note steht. Die Engel werden die Stückchen wieder zusammensetzen, und dann werden die Tore aufspringen, und die himmlische Musik wird aufs neue erschallen, ebenso schön wie früher. Da werden die Menschenkinder verwundert und beschämt dastehen und lauschen und einer zum andern sagen: »Das hattest du! Das hatte ich! Nun aber klingt es erst wunderbar herrlich und ganz anders, nun alles wieder beisammen und am richtigen Orte ist!« –

Ja, ja! So wird's. Ihr könnt euch darauf verlassen.

Der kleine Mohr und die Goldprinzessin

Es war einmal ein armer kleiner Mohr, der war kohlschwarz und nicht einmal ganz echt in der Farbe, so daß er abfärbte. Abends war sein Hemdkragen stets ganz schwarz, und wenn er seine Mutter anfaßte, sah man alle fünf Finger am Kleid. Deshalb wollte sie es auch nie leiden, sondern stieß und schuppte ihn stets fort, wenn er in ihre Nähe kam. Und bei den anderen Leuten ging es ihm noch schlimmer.

Als er vierzehn Jahre alt geworden war, sagten seine Eltern, es sei höchste Zeit, daß er etwas lerne, womit er sich sein Brot verdienen könne. Da bat er sie, sie sollten ihn in die weite Welt hinausziehn und Musikant werden lassen; zu etwas anderem sei er doch nicht zu gebrauchen.

Doch sein Vater meinte, das wäre eine brotlose Kunst, und die Mutter wurde gar ganz ärgerlich und erwiderte weiter nichts als: »Dummes Zeug, du kannst nur etwas Schwarzes werden!«

Endlich kamen sie überein, er passe am besten zum Schornsteinfeger. Also brachten sie ihn zu einem Meister in die Lehre, und weil sie sich schämten, daß er ein Mohr war, so sagten sie, sie hätten ihn gleich schwarz gemacht, um zu sehen, wie es ihm stände.

So war nun der kleine Mohr Schornsteinfeger und mußte tagaus, tagein in die Essen kriechen. Und die Essen waren oft so eng, daß er Angst hatte, er bliebe stecken. Doch er kam stets glücklich wieder auf dem Dache heraus, obschon es ihm oft so war, als wenn Haut und Haare hängenblieben. Wenn er dann hoch oben auf dem Schornstein saß, wieder Gottes freie Luft atmete und sich die Schwalben um den Kopf fliegen ließ, wurde ihm die Brust so weit, als sollte sie ihm zerspringen. Dann schwenkte er den Besen und rief so laut Ho-i-do! Ho-i-do! wie's die Schornsteinfeger zu tun pflegen, daß die Leute auf der Straße stehenblieben und sprachen: »Seht einmal den schwarzen Knirps, was der für eine Stimme hat!«

Als er ausgelernt hatte, befahl ihm der Meister, er solle in seine Kammer gehen und sich waschen und ganz fein und nobel anziehen. Er wolle ihn freisprechen, dann wäre er Geselle.

Da überkam den armen kleinen Mohr eine Todesangst, denn er sagte sich: »Nun wird alles herauskommen!« Und das geschah auch; denn als er in seinem besten Staate wieder in die Meisterstube eintrat, wo schon Lehrlinge und Gesellen sich versammelt hatten, war er immer noch sehr schwarz, wenn auch hier und da etwas Helles durchschimmerte, wo er sich das Schwarze in den Essen abgescheuert hatte. Da merkten alle mit Entsetzen, wie es mit ihm stand. Der Meister erklärte, Geselle könne er nun nicht werden, denn er sei ja nicht einmal ein ordentlicher Christenmensch; die Lehrjungen aber fielen über ihn her, zogen ihm die Kleider aus und trugen ihn in den Hof. Dort legten sie ihn trotz alles Sträubens unter die Plumpe, plumpten wacker darauf und rieben ihn mit Strohwisch und Sand, bis ihnen die Arme lahm wurden. Als sie endlich gewahr wurden, daß trotz aller Mühe gar wenig abging, stießen sie ihn unter Scheltworten zur Hoftüre hinaus.

Da stand er nun mitten auf der Straße, hilflos und wie ihn der liebe Gott geschaffen, der arme kleine Mohr, und wußte nicht, was anfangen. Da kam durch Zufall ein Mann vorbei, der besah ihn sich von oben bis unten, und als er merkte, daß er ein Mohr war, sagte er, er sei ein vornehmer Herr und wolle ihn in seinen Dienst nehmen.

Er solle nichts weiter zu tun bekommen, als hinten auf seinem Wagen stehen, wenn er mit seiner Frau spazierenführe, damit man gleich sähe, daß vornehme Leute kämen.

Da besann sich der kleine Mohr nicht lange, sondern ging mit, und anfangs ging alles gut. Denn die Frau des vornehmen Mannes mochte ihn gut leiden, und wenn sie an ihm vorbeiging, streichelte sie ihn jedesmal. Das war ihm in seinem Leben noch nie begegnet. Eines Tages jedoch, da sie auch wieder spazierenfuhren und er hintendrauf stand, erhob sich ein furchtbares Unwetter, und der Regen floß in Strömen. Als sie wieder nach Hause kamen, sah der vornehme Herr, daß es hinten schwarz vom Wagen herabtröpfelte.

Da fuhr er den kleinen Mohr barsch an, was das heißen solle. Der erschrak heftig, und weil ihm nichts Besseres einfiel, so antwortete er, die Wolken wären ganz schwarz gewesen, da hätte es gewiß auch schwarz geregnet.

»Larifari«, erwiderte der vornehme Herr, der schon merkte, woran's lag, nahm das Taschentuch, leckte zum Überfluß am Zipfel und fuhr damit dem kleinen Mohr über die Stirn. Da war der Zipfel schwarz.

»Dacht' ich mir's doch gleich«, rief er aus, »du bist ja nicht einmal echt! Das ist eine hübsche Entdeckung! Such dir einen anderen Dienst. Ich kann dich nicht gebrauchen!«

Da packte der arme kleine Mohr weinend seine Siebensachen zusammen und wollte gehen. Doch die Frau des vornehmen Mannes rief ihn noch einmal zurück und sagte: es sei recht schade, daß ihr Mann es gemerkt hätte, denn sie wisse es schon lange. Freilich, ein großes Unglück sei es, ein Mohr zu sein, und besonders einer, der abfärbe. Doch er solle nicht verzagen, sondern brav und gut bleiben, dann würde [er] mit der Zeit noch ebenso weiß werden wie die andern Menschen. Darauf schenkte sie ihm eine Geige und einen Spiegel, in dem solle er sich jede Woche einmal besehen.

So zog denn der kleine Mohr in die Welt hinaus und wurde Musikant. Einen Meister, der ihm vorspielte, hatte er freilich nicht. Doch er horchte auf das, was die Vögel sangen und was die Büsche und Bäche rauschten, und spielte es ihnen nach. Nachher ward er inne, daß die Blumen im Walde und die Sterne in der dunkeln Mitternacht auch ihre besondere Musik machten, wenn auch eine ganz stille, die nicht jedermann hörte. Das war schon viel schwerer nachzuspielen. Doch das Schwerste lernte er zu allerletzt: so zu spielen, wie die Menschenherzen pochen. Er war wohl schon sehr viel die Kreuz und die Quer umhergewandert und hatte vielerlei erlebt, ehe er das lernte.

Und es ging ihm auf seiner Wanderschaft zuweilen gut, meistenteils aber schlecht. Wenn er abends in der Dunkelheit vor irgendeinem Hause haltmachte, ein schönes Lied spielte und um Herberge für die Nacht bat, ließen ihn die Leute wohl ein. Sahen sie aber am andern Morgen, wie schwarz er war und daß man nicht gut tat, sich mit ihm einzulassen, weil er abfärbte, so regnete es spitze Redensarten oder wohl gar Püffe. Deshalb verlor er aber den Mut nicht, sondern dachte an das, was die Frau des vornehmen Mannes zu ihm gesagt hatte, und fiedelte sich weiter von Stadt zu Stadt und von Land zu Land. Jeden Sonntag zog er den Spiegel hervor und sah nach, wieviel abgegangen war. Viel war's freilich nicht von einem Sonntag zum andern, denn es saß sehr fest, aber doch etwas: und als er fünf Jahre gewandert war, sah man überall die Grundfarbe durchschimmern. Gleichzeitig war er ein solcher Meister auf der Geige geworden, daß, wo er hinkam, jung und alt zusammenströmte, um ihm zuzuhören. –

Eines Tages kam er in eine wildfremde Stadt, in der herrschte eine goldene Prinzessin; die hatte Haare von Gold und ein Gesicht von Gold und Hände und Füße von Gold. Sie aß mit einem goldenen Messer und einer goldenen Gabel von einem goldenen Teller, trank goldenen Wein und hatte goldene Kleider an. Kurz alles war golden, was an ihr und um sie war. Im übrigen war sie jedoch über die Maßen stolz und hochmütig, und obschon es ihre Untertanen wünschten, daß sie sich einen Prinzen zum Mann nähme, weil sie meinten, Weiberregiment tauge nichts auf die Dauer, war ihr doch keiner schön und vornehm genug.

Jeden Morgen ließen sich etwa sechs Prinzen als Freier bei ihr melden, die abends zuvor mit der Post angekommen waren. Denn weit und breit sprach man von nichts als von der Goldprinzessin und von ihrer Schönheit.

Die sechs Prinzen mußten sich dann der Reihe nach vor ihrem Throne aufstellen, und sie besah sich dieselben von allen Seiten. Zuletzt rümpfte sie jedoch jedesmal die Nase und sagte:

»Der erste ist budlich,
Der zweite ist schmudlich,
Der dritt hat kein Haar,
Der viert ist nicht gar,
Der fünft ist perplex
Und miesrig der sechst!
Die Kur ist aus.
Jagt mir alle sechse zur Stadt hinaus!«

Alsbald erschienen zwölf riesige Heiducken mit mannslangen Birkenreisern und trieben die ganze Gesellschaft zur Stadt hinaus. So ging es schon seit Jahren alle Tage. –

Als der kleine Mohr vernahm, wie wunderschön die Prinzessin war, konnte er an weiter gar nichts denken. Er ging nach ihrem Palaste, setzte sich auf die Treppenstufen, nahm die Geige zur Hand und fing an, sein bestes Lied zu spielen. Vielleicht sieht sie zum Fenster heraus, dachte er, dann bekommst du sie zu sehen.

Es währte nicht lange, so befahl die Goldprinzessin ihren drei Kammermädchen nachzusehen, wer draußen so schön spiele. Da brachten sie die Nachricht, es wäre ein Mensch, der habe eine so absonderliche Gesichtsfarbe, wie sie dergleichen noch nie gesehen. Und die eine behauptete, er sei mausgrau; die zweite, er sei hechtgrau, und die dritte gar, er wäre eselsgrau.

Darauf meinte jene, das müsse sie selber sehen, sie sollten den Menschen heraufholen.

Da gingen die Kammermädchen abermals hinunter und führten ihn herauf, und als er die Prinzessin erblickte, die wirklich über und über von Gold war und wie die Sonne glänzte, war er erst so geblendet, daß er die Augen zumachen mußte. Als er sich aber ein Herz faßte und die Prinzessin ordentlich ansah, da wußte er sich nicht weiter zu helfen; er warf sich vor ihr auf die Knie nieder und sagte:

»Allerschönste Goldprinzessin! Ihr seid so schön, wie Ihr es gar nicht wißt! Und wenn Ihr es wißt, so seid Ihr noch hunderttausendmal schöner. Ich bin ein kleiner Mohr, der immer weißer wird; und das Lied, das ich gespielt habe, ist noch lange nicht mein allerschönstes. Einen Mann müßt Ihr durchaus haben; und wenn Ihr mich heiraten wollt, werde ich so vergnügt, daß ich mit gleichen Beinen über den Tisch springen will!«

Als die Prinzessin dies hörte, machte sie zuerst ein Gesicht wie die Gänse, wenn's wetterleuchtet, denn übermäßig klug war sie gerade nicht, trotz aller ihrer Schönheit, und dann fing sie so laut zu lachen an, daß sie sich die Hüften mit den Händen halten mußte. Und die drei Kammermädchen meinten, sie müßten auch mitlachen, und auf einmal traten noch die zwölf Heiducken herein, und wie sie sahen, wer vor der Goldprinzessin kniete, schlugen auch sie ein Gelächter auf, daß es durch die ganze Stadt schallte.

Da befiel den kleinen Mohr ein ungeheurer Schrecken, denn er merkte wohl, daß er etwas Dummes gesagt hatte. Er nahm seine Geige, riß die Tür auf und sprang mit drei Sätzen die Treppe hinab. Dann lief er, ohne sich umzusehen, durch die Straße, querfeldein bis in den nächsten Wald. Dort warf er sich todmüde ins Gras nieder und weinte, als wenn er fortschwimmen wollte. –

Doch endlich ward er wieder ruhig und sagte zu sich selbst: Wenn der Kutscher betrunken ist, gehen die Pferde durch! Bist du klug oder bist du dumm? Die Goldprinzessin wolltest du heiraten? Ganz dumm bist du! Da darfst du dich nicht wundern, wenn die Leute dich auslachen.

Damit hing er sich die Geige wieder über den Rücken, pfiff sich eins und wanderte weiter und zog wie zuvor von Stadt zu Stadt und von Land zu Land. Und von Jahr zu Jahr wurde er immer weißer, und die Leute gewannen ihn immer lieber, denn die Lieder, die er sich ausdachte, wurden immer schöner, und kein Mensch konnte sich mit ihm auf der Geige messen. Und als er groß und ein Mann geworden war, sah er ganz weiß aus, ja selbst weißer und reiner als die meisten andern Leuten. Niemand wollte glauben, daß er früher ein Mohr gewesen sei.–

Es trug sich zu, daß er auch einmal in einen Flecken kam, wo gerade Jahrmarkt war. Da sah er eine Bude mit einem roten Vorhang, der war früher einmal neu gewesen, jetzt aber zerlumpt und voller Flecke. Davor stand ein wüster Gesell mit einer bunten Jacke, der stieß in die Trompete und rief, die Leute möchten doch eintreten, es wären die größten Wunder der Welt zu sehen: ein Kalb mit zwei Köpfen, das zweimal fräße und bloß einmal verdaute, ein Schwein, das die Karten legen und wahrsagen könnte, und die hochberühmte, wunderschöne Goldprinzessin, um die sich alle Männer gerissen hätten.

»Das kann doch nicht deine Goldprinzessin sein?« sagte er, ging jedoch trotzdem hinein.

Da war es ihm, als solle er vor Schreck in die Erde sinken; denn sie war es wirklich. Aber das Gold war fast überall ab, und er sah, daß sie nur von Blech war.

»Heiliger Gott!« rief er aus, »wie kommst du hierher und wie siehst du aus?«

»Was ist denn?« erwiderte sie, als wenn gar nichts wäre. Nachdem sie sich jedoch überlegt, daß er sie gewiß schon früher einmal gesehen, wie sie noch ganz golden war, fügte sie zornig hinzu: »Glaubst du etwa, daß man ewig hält, du alberner Laffe? Zupf dich an deiner eigenen Nase!«

Da hätte er beinahe laut aufgelacht, denn er sah, daß sie ihn nicht erkannt. Doch sie tat ihm viel zu leid, und so fragte er nur leise, ob sie denn gar nicht wisse, wer er sei. Er wäre der kleine Mohr, den sie vorzeiten einmal so sehr ausgelacht hätte.

Nun war die Reihe an ihr, ganz still zu werden und sich zu schämen, und unter vielem Schluchzen erzählte sie, wie erst an ein paar Stellen und dann fast überall das Gold heruntergegangen sei; wie sie das ihren Untertanen lange verborgen und wie diese es endlich doch gemerkt und sie fortgejagt hätten. Nun zöge sie auf den Jahrmärkten umher, habe es aber satt, und wenn er noch so dächte wie früher, wollte sie ihn gern heiraten.

Darauf erwiderte er sehr ernsthaft, er bedaure sie zwar von Herzen, sei aber schon viel zu verständig, um eine Blechprinzessin zu heiraten. Er hoffe bestimmt, noch einmal eine viel bessere Frau zu bekommen wie sie. Damit ging er zur Bude hinaus und ließ die Blechprinzessin stehen, die vor Wut beinahe platzte und ihm, während er ging, fortwährend nachrief: »Mohrenjunge, Mohrenjunge! kohlschwarzer Mohrenjunge, der abfärbt!« und ähnliches. Doch niemand wußte, wen sie damit meinte, da er ja längst auch nicht ein Tüpfchen Schwarzes mehr an sich hatte.

Er ging daher sittsam weiter, ohne sich auch nur umzusehen, und war froh, daß er in seinem Leben nie wieder etwas von der abscheulichen Person erfuhr. Eine Zeitlang setzte er noch sein altes Wanderleben fort; als er aber fast die ganze Welt gesehen hatte und anfing, des Umherziehens müde zu werden, da traf es sich, daß der König von seinem Spiel hörte und ihn rufen ließ. Ein Lied nach dem andern mußte er ihm bis in die späte Mitternacht vorspielen, und zuletzt stieg der König von seinem Thron, umarmte ihn und fragte, ob er sein bester Freund werden wolle. Als er dies bejahte, ließ ihn der König in seinem goldenen Wagen durch die Stadt fahren und schenkte ihm ein Haus und so viel Geld, daß er sein Lebtag daran genug hatte. Und eine Frau bekam er auch. Zwar keine Prinzessin und noch weniger eine über und über goldene, aber eine Frau, die ein goldenes Herz hatte. Mit der lebte er vergnügt und hochgeehrt bis an sein spätes Ende.

Die Blechprinzessin aber ward von Tag zu Tag unscheinbarer, und als das letzte bißchen Gold abgegangen war, wurde sie so viel hin und her geworfen, daß sie lauter Buckel und Dellen bekam.

Zuletzt kam sie zu einem Trödler. Dort steht sie noch heute in der Ecke zwischen allerhand Tand und Kram und hat Zeit zu bedenken, daß vielerlei abgeht im Leben, Hübsches wie Häßliches, und daß alles darauf ankommt, was drunter ist.

Von Himmel und Hölle

Es war um die Zeit, wo die Erde am allerschönsten ist und es dem Menschen am schwersten fällt zu sterben, denn der Flieder blühte schon, und die Rosen hatte dicke Knospen: da zogen zwei Wanderer die Himmelsstraß entlang, ein Armer und ein Reicher. Die hatten auf Erden dicht beieinander in derselben Straße gewohnt, der Reiche in einem großen, prächtigen Hause und der Arme in einer kleinen Hütte. Weil aber der Tod keinen Unterschied macht, so war es geschehen, daß sie beide zu derselben Stunde starben.

Da waren sie nun auf der Himmelsstraße auch wieder zusammengekommen und gingen schweigend nebeneinander her.

Doch er Weg wurde steiler und steiler, und dem Reichen begann es bald blutsauer zu werden, denn er war dick und kurzatmig und in seinem Leben noch nie so weit gegangen. Da trug es sich zu, daß der Arme bald einen guten Vorsprung gewann und zuerst an der Himmelspforte ankam. Weil er sich aber nicht getraute zu klopfen, setzte er sich still vor die Pforte nieder und dachte: Du willst auf den reichen Mann warten; vielleicht klopft der an.

Nach langer Zeit langte der Reiche auch an, und als er die Pforte verschlossen fand und nicht gleich jemand aufmachte, fing er laut an zu rütteln und mit der Faust dran zu schlagen. Da stürzte Petrus eilends herbei, öffnete die Pforte, sah sich die beiden an und sagte zu dem Reichen: »Das bist du gewiß gewesen, der es nicht erwarten konnte. Ich dächte, du brauchtest dich nicht so breit zu machen. Viel Gescheites haben wir hier oben von dir nicht gehört, solange du auf der Erde gelebt hast!«

Da fiel dem Reichen gewaltig der Mut; doch Petrus kümmerte sich nicht weiter um ihn, sondern reichte dem Armen die Hand, damit er leichter aufstehen könnte, und sagte: »Tretet nur alle beide ein in den Vorsaal; das Weitere wird sich schon finden!«

Und es war auch wirklich noch gar nicht der Himmel, in den sie jetzt eintraten, sondern nur eine große, weite Halle mit vielen verschlossenen Türen und mit Bänken an den Wänden.

»Ruht euch ein wenig aus«, nahm Petrus wieder das Wort, »und wartet, bis ich zurückkomme; aber benutzt eure Zeit gut, denn ihr sollt euch mittlerweile überlegen, wie ihr es hier oben haben wollt. Jeder von euch soll es genau so haben, wie er es sich selber wünscht. Also bedenkt's, und wenn ich wiederkomme, macht keine Umstände, sondern sagt's, und vergeßt nichts; denn nachher ist's zu spät.« –

Damit ging er fort. Als er dann nach einiger Zeit zurückkehrte und fragte, ob sie fertig mit Überlegen wären und wie sie es sich in der Ewigkeit wünschten, sprang der reiche Mann von der Bank auf und sagte, er wolle ein großes goldenes Schloß haben so schön wie der Kaiser keins hätte, und jeden Tag das beste Essen. Früh Schokolade und mittags einen Tag um den andern Kalbsbraten mit Apfelmus und Milchreis mit Bratwürsten und nachher rote Grütze. Das wären seine Leibgerichte. Und abends jeden Tag etwas andres. Weiter wolle er dann einen recht schönen Großvaterstuhl und einen grünseidenen Schlafrock; und das Tageblättchen solle Petrus auch nicht vergessen, damit er doch wisse, was passiere.

Da sah ihn Petrus mitleidig an, schwieg lange und fragte endlich: »Und weiter wünschest du dir nichts?« – »O ja!« fiel rasch der Reiche ein, »Geld, viel Geld, alle Keller voll; so viel, daß man es gar nicht zählen kann!«

»Das sollst du alles haben«, entgegnete Petrus, »komm, folge mir!« und er öffnete eine der vielen Türen und führte den Reichen in ein prachtvolles goldenes Schloß, darin war alles so, wie jener es sich gewünscht hatte. Nachdem er ihm alles gezeigt, ging er fort und schob vor das Tor des Schlosses einen großen eisernen Riegel. Der Reiche aber zog sich den grünseidenen Schlafrock an, setzte sich in den Großvaterstuhl, aß und trank und ließ sich's gut gehen, und wenn er satt war, las er das Tageblättchen. Und jeden Tag einmal stieg er hinab in den Keller und besah sein Geld. –

Und zwanzig und fünfzig Jahre vergingen und wieder fünfzig, so daß es hundert waren – und das ist doch nur eine Spanne von der Ewigkeit –, da hatte der reiche Mann sein prächtiges goldenes Schloß schon so überdrüssig, daß er es kaum mehr aushalten konnte. »Der Kalbsbraten und die Bratwürste werden auch immer schlechter«, sagte er, »sie sind gar nicht mehr zu genießen!« Aber es war nicht wahr, sondern er hatte sie nur satt. »Und das Tageblättchen lese ich schon lange nicht mehr«, fuhr er fort; »es ist mir ganz gleichgültig, was da unten auf der Erde sich zuträgt. Ich kenne ja keinen einzigen Menschen mehr. Meine Bekannten sind schon längst alle gestorben. Die Menschen, die jetzt leben müssen, machen so närrische Streiche und schwatzen so sonderbares Zeug, daß es einem schwindlig wird, wenn man's liest.« Darauf schwieg er und gähnte, denn es war sehr langweilig, und nach einer Weile sagte er wieder:

»Mit meinem vielen Geld weiß ich auch nichts anzufangen. Wozu hab ich's eigentlich? Man kann sich hier doch nichts kaufen. Wie ein Mensch nur so dumm sein kann und sich Geld im Himmel wünschen!« Dann stand er auf, öffnete das Fenster und sah hinaus.

Aber obschon es im Schlosse überall hell war, so war es doch draußen stockdunkel; stockdunkel, so daß man die Hand vorm Auge nicht sehen konnte, stockdunkel, Tag und Nacht, jahraus, jahrein und so still wie auf dem Kirchhof. Da schloß er das Fenster wieder und setzte sich aufs neue auf seinen Großvaterstuhl; und jeden Tag stand er ein- oder zweimal auf und sah wieder hinaus. Aber es war noch immer so. Und immer früh Schokolade und mittags einen Tag um den andern Kalbsbraten mit Apfelmus und Milchreis mit Bratwürsten und nachher rote Grütze; immerzu, einen Tag wie den andern. –

Als jedoch tausend Jahre vergangen waren, klirrte der große eiserne Riegel am Tor, und Petrus trat ein. »Nun«, fragte er, »wie gefällt es dir?«

Da wurde der reiche Mann bitterböse: »Wie mir's gefällt? Schlecht gefällt mir's; ganz schlecht! So schlecht, wie es einem nur in so einem nichtswürdigen Schlosse gefallen kann! Wie kannst du dir nur denken, daß man es hier tausend Jahre aushalten kann! Man hört nichts, man sieht nichts; niemand bekümmert sich um einen. Nichts wie Lügen sind es in eurem vielgepriesenen Himmel und mit eurer ewigen Glückseligkeit. Eine ganz erbärmliche Einrichtung ist es!«

Da blickte ihn Petrus verwundert an und sagte: »Du weißt wohl gar nicht, wo du bist? Du denkst wohl, du bist im Himmel? In der Hölle bist du. Du hast dich ja selbst in die Hölle gewünscht. Das Schloß gehört zur Hölle.«

»Zur Hölle?« wiederholte der Reiche erschrocken. »Das hier ist doch nicht die Hölle? Wo sind denn der Teufel und das Feuer und die Kessel?«

»Du meinst wohl«, entgegnete Petrus, »daß die Sünder jetzt immer noch gebraten werden wie früher? Das ist schon lange nicht mehr so. Aber in der Hölle bist du, verlaß dich darauf, und zwar recht tief drin, so daß du einen schon dauern kannst. Mit der Zeit wirst du's wohl selbst innewerden.«

Da fiel der reiche Mann entsetzt rückwärts in seinen Großvaterstuhl, hielt sich die Hände vors Gesicht und schluchzte: »In der Hölle, in der Hölle! Ich armer, unglücklicher Mensch, was soll aus mir werden!«

Aber Petrus machte die Tür auf und ging fort, und als er den eisernen Riegel draußen wieder vorschob, hörte er drinnen den Reichen immer noch schluchzen: »In der Hölle, in der Hölle! Ich armer, unglücklicher Mensch, was soll aus mir werden!« –

Und wieder vergingen hundert Jahre und aber hundert, und die Zeit wurde dem reichen Mann so entsetzlich lang, wie niemand es sich auch nur denken kann. Und als das zweite Tausend zu Ende kam, trat Petrus abermals ein.

»Ach!« rief ihm der reiche Mann entgegen, »ich habe mich so sehr nach dir gesehnt! Ich bin sehr traurig! Und so wie jetzt soll es immer bleiben? Die ganze Ewigkeit?« Und nach einer Weile fuhr er fort: »Heiliger Petrus, wie lang ist wohl die Ewigkeit?«

Da antwortete Petrus: »Wenn noch zehntausend Jahre vergangen sind, fängt sie an.«

Als der Reiche dies hörte, ließ er den Kopf auf die Brust sinken und begann bitterlich zu weinen. Aber Petrus stand hinter seinem Stuhl und zählte heimlich seine Tränen, und als er sah, daß es so viele waren, daß ihm der liebe Gott gewiß verzeihen würde, sprach er: »Komm, ich will dir einmal etwas recht Schönes zeigen! Oben auf dem Boden weiß ich ein Astloch in der Wand, da kann man ein wenig in den Himmel hineinsehen.«

Damit führte er ihn die Bodentreppe hinauf und durch allerhand Gerümpel bis zu einer kleinen Kammer. Als sie in diese eintraten, fiel durch das Astloch ein goldener Strahl hindurch, dem heiligen Petrus gerade auf die Stirn, so daß es aussah, als wenn Feuerflammen auf ihr brannten.

»Das ist vom wirklichen Himmel!« sagte der reiche Mann zitternd.

»Ja«, erwiderte Petrus, »nun sieh einmal durch!«

Aber das Astloch war etwas hoch oben an der Wand und der reiche Mann nicht sehr groß, so daß er kaum hinaufreichte.

»Du mußt dich recht lang machen und ganz hoch auf die Zehen stellen«, sagte Petrus. Da strengte sich der Reiche so sehr an, als er nur irgend konnte, und als er endlich durch das Astloch hindurchblickte, sah er wirklich in den Himmel hinein. Da saß der liebe Gott auf seinem goldnen Thron zwischen den Wolken und den Sternen in seiner ganzen Pracht und Herrlichkeit und um ihn her alle Engel und Heiligen.

»Ach«, rief er aus, »das ist ja wunderschön und herrlich, wie man es sich auf der Erde gar nicht vorstellen kann. Aber sage, wer ist denn das, der dem lieben Gott zu Füßen sitzt und mir gerade den Rücken zukehrt?«

»Das ist der arme Mann, der auf der Erde neben dir gewohnt hat und mit dem du zusammen heraufgekommen bist. Als ich euch auftrug, es euch auszudenken, wie ihr es in der Ewigkeit haben wolltet, hat er sich bloß ein Fußbänkchen gewünscht, damit er sich dem lieben Gott zu Füßen setzen könne. Und das hat er auch bekommen, genau wie du dein Schloß.«

Als er dies gesagt, ging er still fort, ohne daß es der Reiche merkte. Denn der stand immer noch ganz still auf den Fußspitzen und blickte in den Himmel hinein und konnte sich nicht satt sehen. Zwar es fiel ihm recht schwer, denn das Loch war sehr hoch oben, und er mußte fortwährend auf den Zehen stehen; aber er tat es gern, denn es war zu schön, was er sah.

Und nach abermals tausend Jahren kam Petrus zum letztenmal. Da stand der reiche Mann immer noch in der Bodenkammer an der Wand auf den Fußspitzen und schaute unverwandt in den Himmel hinein und war so ins Sehen versunken, daß er gar nicht merkte, als Petrus eintrat.

Endlich legte ihm aber Petrus die Hand auf die Schulter, daß er sich umdrehte, und sagte:

»Komm mit, du hast nun lange genug gestanden! Deine Sünden sind dir vergeben; ich soll dich in den Himmel holen. – Nicht wahr, du hättest es viel bequemer haben können, wenn du nur gewollt hättest?«

Der alte Koffer

Ein alter Herr, der viel reiste, besaß einen Koffer. Schön war der Koffer nicht, sondern grundhäßlich; denn er war mit struppigem Seehundsfell überzogen und hatte eiserne Bänder und Ecken. In dem Fell aber waren schon oft die Motten gewesen, und das eiserne Beschläge war stark verrostet, hatte auch mit der Zeit manchen Buckel und manche Schmarre bekommen.

»Der kann was vertragen«, sagten die Kofferträger, wenn sie ihn aus dem Wagen hoben. Bums! warfen sie ihn hin, daß es krachte. Das war nun gerade nicht dazu angetan, die ohnedies schon üble Laune des alten Koffers zu mildern. Mit seinen eisernen Ecken stieß und knuffte er jeden, der ihm in den Weg kam. »Ihr braucht mir ja nicht zu nahe kommen«, brummte er, wenn die andern Koffer, mit denen er zusammen reiste, sich darüber beklagten. »Ihr wollt euch doch bloß ansehn, wie struppig ich bin.«

Aber der Herr, dem der Koffer gehörte, war ein Sonderling. Wenn er zu Haus war, mußte der Koffer stets in seiner Stube unter dem vergoldeten Spiegel stehen, obgleich es recht komisch aussah: der alte, häßliche Koffer in der sonst ganz hübschen, gemütlichen Stube. Und wenn er reiste und irgendwo einkehrte, war es stets das erste, daß er sich den Koffer bringen und neben sein Bett stellen ließ.

»Es wird wohl Geld im Koffer sein!« meinten die Leute, »weil er ihn gar nicht aus den Augen läßt.«

Doch in diesem Punkte waren sie völlig auf dem Holzwege. Etwas darin war schon; aber Geld? Nein, Geld am allerwenigsten!

War nun der alte Herr ganz allein in der Stube, so drückte er auf eine geheime Feder. Schwupp! sprang der Koffer auf, und was war darin? Ein vollständig verschlossener, prachtvoller Kasten mit rotem Samt beschlagen und mit goldenen Tressen und Schnüren besetzt.

Sobald jemand anderes in die Stube eintrat, schnapp! schlug der Deckel zu.

Doch das Dienstmädchen des alten Herrn war sehr schlau. Einmal ließ sie die Schuhe vor der Türe stehen und schlich ganz leise in Strümpfen bis an den Koffer hin, der gerade offenstand.

Sie war schon ganz dicht daneben, und als sie es so rot und golden im Koffer blinken sah, vergaß sie sich und rief: »Herrgott, der alte Koffer ist ja wohl inwendig ganz hübsch!« Da merkte der Koffer, daß jemand Fremdes da sei. Schnapp! schlug er mit Gewalt zu und hätte ihr beinahe den Finger abgeklemmt; denn sie wollte eben hineingreifen, um sich zu überzeugen, ob es wirklich Samt und weich wäre.

»Pfui!« sagte sie erschrocken, »was ist das für ein alter, garstiger Koffer; mit dem darf man sich gar nicht einlassen!« Wenn sie später jemand nach dem Koffer fragte, mit dem der Herr so geheim tue, und ob nicht irgend etwas Besonderes daran sei, erwiderte sie, es sei gar nichts an dem alten Koffer und darin noch weniger. Jeder Mensch habe seine Eigenheiten, besonders was alte, unverheiratete Leute seien. Ihr Herr habe nun einmal sein Herz an den alten struppigen Koffer gehängt; weiter sei es nichts.

Aber es war doch etwas Besonderes in dem Koffer. Denn zuweilen riegelte der alte Herr vorsichtig sämtliche Zimmertüren zu, drückte auf die geheime Feder, so daß der Deckel aufsprang, horchte dann noch einmal, ob alles draußen still wäre, und wenn er niemanden hörte, hob er den roten Samtkasten aus dem Koffer heraus und setzte ihn vor sich auf den Tisch. Darauf drückte er auf eine zweite verborgene Feder am Kasten, und der rote Samtdeckel sprang auch auf.

Und was war darin?

Unglaublich, aber wahr! Eine ganz niedliche kleine Märchenprinzessin mit zwei langen Zöpfen hinten herunter und roten Hackenschuhen. Sie sprang auch sofort mit gleichen Beinen aus dem Kasten heraus, setzte sich darauf und ließ die Beine baumeln – und das machte sie so reizend – und fing dann an, die allerhübschesten Märchen zu erzählen.

Und der alte Herr saß im Lehnstuhl und hörte ihr aufmerksam zu. –

Eines Tages, als sie eben mit Erzählen fertig war, sagte sie: »Ich habe dir nun schon so viele hübsche Märchen erzählt; ich glaube, du vergißt sie immer wieder. Kannst du sie nicht aufschreiben?«

»O ja«, antwortete der alte Herr, »aufschreiben könnte ich sie schon, wenigstens so einigermaßen und freilich bei weitem nicht so hübsch, als du sie erzählst; aber es darf niemand wissen, woher ich sie weiß, und besonders nicht, daß du in dem alten Koffer steckst. Denn ich muß dich ganz allein haben. Sonst kommen gleich alle Leute und wollen dich besehen und tapsen dich mit ihren ungeschickten Fingern an. Der Samt am Kasten würde auch bald schlecht werden.«

»Nein, um Gottes willen!« entgegnete die kleine Märchenprinzessin. »Aber wundern würden sich die Leute doch, wenn sie wüßten, wer in dem alten Koffer steckt.«

Und dann lachte sie.

»Still!« sagte auf einmal der alte Herr, »es klopft jemand an der Türe. Kriech rasch wieder in den Kasten.« Sodann trug er eilig den Kasten in den Koffer. Schnapp! schlug der Deckel mit Seehundsfell zu, und als das Dienstmädchen – denn sie war es – hereinkam und den Tee brachte, stand der alte Koffer wieder ganz mürrisch und struppig unter dem Spiegel. Als sie an ihm vorbeiging, gab sie ihm heimlich, und ohne daß der alte Herr es merkte, einen Fußtritt und murmelte: »Alter garstiger Koffer, gestern hast du mir beinahe den Finger abgeklemmt.«